JN059903

一生使える「文章の基本」

相手への心づかいが行き届く

木山泰嗣
青山学院大学法学部教授・弁護士

大和出版

この本を読むと、
あらゆる
「すれ違い」がなくなる。

最初に一番大切なことを言います。

伝わる文章とは、「読み手への心づかい」ができている文章である。

では、「読み手への心づかい」と聞いて、
あなたは、どのような文章をイメージしますか？

気の利いたひと言が添えられている文章？
思いやりの気持ちが込められた文章？
相手をきもちよく、心地よくさせる文章？

一般的には、そんなふうに思われるかもしれません。
しかし、この本でお伝えする「心づかい」は違います。

「心づかいのある文章」とは、ずばり、

「読んだ先に、相手がどんな行動をするか」まで想像された文章。

なぜなら、文章は書いておわりではありません。
書いたことを受けとる読み手がいます。
文章は、読まれて、解釈されて、行動に移される。
きちんと行動に移してもらうためには、
意図を正確に伝えなければいけません。
だから、伝わる文章には、

「どう書けば、相手はスムーズにものごとを進められるかな」
「どう書けば、相手がすぐに理解できるかな」
「どう書けば、相手に余計な手間をかけさせないかな」

このような「考えるひと手間」が隠れているのです。

そして、相手を想像したからできる工夫が、随所にちりばめられています。
だからこそ、伝わるのです。

そうはいっても、
いつも時間に追われていて、そんな余裕はないよ。
質よりスピードを重視しないと、仕事が回らないよ。
そんな声もあるでしょう。

だけど、立ち止まるのは5秒でもいいのです。
一見遠回りにも見える、「相手を想像する」このひと手間が、
じつは、あなた自身が、最短最大で成果を得る方法でもあります。

相手のために書いた文章は、結局自分のためになる――。

だからこそ、この基本を改めて、軸に据えることを本書は提案します。

「相手がきもちよく読める文章を書きたい」
「誤解なく、正確に、簡潔にものごとを伝えたい」
「スムーズに意思疎通ができるようになりたい」

そんな方たちのために、わたしは本書を書きました。

今日より、伝わる文章が自然に書ける。
そんな明日を目指している、向上心の高いあなたのために。

はじめに

AI時代にも必要な「文章の基本」

- メールで伝えたはずなのに、上司に「覚えていない」と言われる
- 認識の違いが明らかになり、のちのちクライアントとトラブルに
- 調べ尽くして作った企画書なのに、「もっと考えて」とつき返された
- 部署内で仕事のお願いメールを送ったが、誰からも返信がこない
- 進捗報告すると、「もっと正確に現状を教えて」と困った顔をされる

あなたは、日々文章を書くなかで、このような悩みを抱えていませんか？

メールや報告書、企画書からＳＮＳまで、日常で欠かすことができない「文章」ですが、思ったことを過不足なく書き上げるのは、じつにむずかしいものです。

そもそも自分と相手の前提が異なっていたり、捉え方によっては複数の解釈ができてしまったり、主張が不明確だったり……。このような「文章の書き方」が原因で、ものごと

が思うように進まないことは実際によくあります。

そして、小さな認識のずれは、のちに大きなひずみとなって、あなた自身に不利益を与えるおそれがあるのです。

しかし、このような問題は、ある視点を持つことで、すっきりと解決できます。

はじめまして、木山泰嗣（きやまひろつぐ）と申します。

本書は、文章に悩むすべての方に向けて、「誤読されずに、きちんと意図を伝える方法」を、豊富な例文とともに示したものです。

国語のむずかしい文法の話や、上から目線のお説教的な「いまの若い人は……」というような昭和のノリではありませんので、ご安心ください。

そうはいっても、この本の著者は、大学教授で弁護士の資格を持っている人だから、「むずかしい話かもしれない」「勉強は得意じゃないし、ついていけないかも」「法律の話はわたしには関係ない」と不安や疑問を持たれる方もいるかもしれません。

たしかに、著者のわたしは、都内の私立大学の法学部で教授をしている法学者です。

もともとは10年以上にわたって、東京の法律事務所で、税務訴訟という国税当局と戦う行政訴訟の代理人をしてきました。

そんな法律家が、なぜ「文章」の本を書くのか？

それは、わたし自身が「文章の書き方」で悩み、格闘し続けてきたからです。

振り返れば、国と争う税務訴訟をしていた30代のころ、勝訴率が統計上数パーセントしかない難関の裁判で、どのような主張をしたら国に勝てるのか、がむしゃらに研究しました。**結果、さまざまな裁判で勝訴しましたが、そのみなもととなったのが、裁判所に提出する書面、つまり「文章の書き方」だったのです。**

こうした経験を踏まえ、弁護士向けに、裁判官に伝わる文章術をまとめた『センスのよい法律文章の書き方』（中央経済社）は、改訂版になってからも増刷を重ね、発売から10年以上経過したいまでも、弁護士会などからの講演依頼がたえません。

従来から司法試験に合格するための論文の書き方を説く本はありましたが、この本にニーズがあるということは、試験に合格した弁護士もまた「誤読されずに考えを明確に伝える書き方」「事実を余すことなく正確に伝える書き方」の重要性を認識し、日々格闘しているといってよいのかもしれません。

その後、大学の専任教員となり、実務家から法学者に転身。現在は法学部のゼミ生や大学院生に、卒業論文や修士論文の書き方を教えています。

トータルすると14年間、弁護士から大学生にいたるまで「文章の書き方」を指導してきましたが、そのおかげであるとき、法律文章でも、論文でも、あなたが普段書いている仕事上の文書でも、目的はさまざまだとしても、文章には大切な「共通する視点」がある、という結論にたどり着きました。

その視点は極めて明確。次の一文に尽きます。

文章を書くとは、「読み手への心づかい」を尽くすことである。

「読み手への心づかい」である以上、読み手に負担を感じさせない必要があります。

つまり、読み手に少ない労力で、多くを理解してもらうための工夫を文章にちりばめるのです。工夫とは、「相手を想像する」「簡潔に書く」「曖昧さをなくす」「型を決める」「取捨選択をする」「見た目を整える」といった具合です。

これが、読みやすく、わかりやすい文章の条件といえます。

こういった工夫をしないまま、思いつきで「とりとめもなく書いた文章」を人に読ませることは、相手をあなたの「とりとめのない思考」につきあわせることを意味します。

読んでもらうとは、相手の時間を奪うこと。

文章を書くときには、こうした自覚も持たなければなりません。

本書では、この視点を体感していただけるように、以下の構成を考えました。

第1章　**読み手を想像する**——伝わらない文章は、「心づかい」が欠けている

第2章　**簡潔に書く**——長々と書かれた文章は、相手の大切な時間を奪う

第3章　**曖昧さをなくす**——複数の解釈ができる文章は、誤解やトラブルを招く

第4章　**型を決める**——形式に沿っていない文章は、スムーズな理解を妨げる

第5章　**取捨選択する**——詰め込みすぎた文章は、何が重要かわからない

第6章　**見た目を整える**——黒っぽい文章は、ひと目で読む気をダウンさせる

読み手への心づかいを尽くした結果、あなた自身も、「やりとりの無駄・手間がなくな

る」「仕事の質が上がる」「事実を正確に伝えられる」「社内外から評価される」「クライアントから信頼される」といった効果を実感できるはずです。

ＣｈａｔＧＰＴの台頭があるなか、いまさら「文章の基本」を学ぶ必要があるのかといった、疑問の声があがるかもしれません。

たしかに、ネットで検索すれば、文章のフォーマットもすぐにでてきますよね。

とはいえ、ＡＩに文章を書かせたり、ネット上のフォーマットをコピペしても、冒頭に挙げたような「すれ違い」は防げないでしょう。

なぜなら、ほんの少し関係性や状況が変われば、伝える内容も変わるからです。刻一刻と変化する状況に応じた「細やかな心づかい」は、書き手であるあなたにしかできません。

同時に、読み手に対して最大限に配慮した書き方を、あなた自身が知らなければ、本当の意味でＡＩは機能しないということです。

このような今日（こんにち）の状況を踏まえながら、本書では、普遍的に使える「文章の基本」をお伝えします。本書が少しでも、あなたのお役に立てれば幸いです。

木山泰嗣

一生使える「文章の基本」 目次

第1章 読み手を想像する

――伝わらない文章は、「心づかい」が欠けている

第2章 簡潔に書く

長々と書かれた文章は、相手の大切な時間を奪う

第3章 曖昧さをなくす

複数の解釈ができる文章は、誤解やトラブルを招く

第4章 型を決める

――形式に沿っていない文章は、スムーズな理解を妨げる

第5章 取捨選択する

詰め込みすぎた文章は、何が重要かわからない

第6章 見た目を整える

――黒っぽい文章は、ひと目で読む気をダウンさせる

第1章

読み手を想像する

——伝わらない文章は、「心づかい」が欠けている

タスクに追われる日常のなかで、“心づかい”を持つのはむずかしいものです。それでも、文章を書くときに、「これで相手に伝わるかな?」「相手は動きやすいかな?」と一歩立ち止まる。この“心づかい”が、あなたの仕事を円滑に進めることにつながります。まずはこの章で、本書の基盤となる考え方を理解しましょう。

01

よい文章は、相手に手間をかけさせず、疑問も感じさせない

文章の基本とは、何でしょうか？

それは、「読み手の立場」に配慮し尽くすことです。

多くの人は、文章を書いている「自分の立場」から離れられていません。

その文章が「相手に読まれるものである」「何かを相手に伝えるためにある」ということを、すっかり忘れてしまっているようです。

もし、「読み手の立場」への配慮を心がけることができれば、文章の修正されるべき箇所が、きっとわかるはずです。

たとえば、次の文章を読んだとき、あなたはどう思いますか？

この件については、以前の会議でも話題になりました。そのときに検討課題として挙げられた事項にご留意ください。

まず、「以前の会議」が漠然としていることが挙げられます。会社であれば、会議は常時行われています。その担当者間の会議を指すことくらいは想像できたとしても、「以前の会議」がいつの会議を指すかはわかりません。

これが修正ポイントの1つ目です。

次に、「そのときに検討課題として挙げられた事項」です。

結局のところ、この文章の一番の目的は、「ご留意ください」にあるはずです。

そして、その「留意」すべき「事項」に対する注意喚起になっています。

それにもかかわらず、留意事項が何であるかは「以前の会議」における「検討課題」をみないとわからない……、こういう構造ですよね。

「以前の会議」について、第1の修正ポイントを次のように記載したとしましょう。

この件については、**２０２３年７月７日（金）に実施された第14回の「〇〇プロジェクト担当者会議」**でも話題になりました。そのときに検討課題として挙げられた事項にご留意ください。

会議を特定したことで、「以前の会議」が明確になりました。

それでも、「そのときに検討課題として挙げられた事項」が何かは、不明のままです。

この点について「議事録を読めば『検討課題』が記載されていますよね。社会人である以上、その会議の議事録に自らアクセスすべきではないですか？」という発想もあるかもしれません。

しかし、これでは、「読み手の立場」に配慮し尽くされているとはいえません。

なぜここまでするかというと、仕事上では小さな認識の違い、ニュアンスの違いにより、大きなひずみが生まれる可能性が大いにあるからです。

配慮して事前に防げるのであれば、それをするに越したことはありません。

そのため、伝達するのであれば、伝達をする人が自ら「検討課題」にアクセスして、それを改めて明記(引用)しておくべきなのです。

この点を修正すると、次のようになります。

この件については、2023年7月7日(金)に実施された第14回の「〇〇プロジェクト担当者会議」でも話題になりました。そのときに検討課題として挙げられた事項にご留意ください。

検討課題とは、①商品名の検討、②協賛会社の選定、でした(議事録3ページ参照)。改めて、ご確認ください。

これならば、読み手に手間をかけさせることはなく、疑問も感じさせないでしょう。

POINT

そのひと手間が、相手と自分のためになる

02

文章の基本は、「手厚いサービス」をすること

前項では、読み手に手間をかけさせない・疑問を感じさせないことの重要性をお伝えしました。「読み手の立場」に配慮する姿勢は、社会一般で求められる文章では、つねにし尽くされている必要があります。

それにもかかわらず、わたしたちは、ついつい日ごろの忙しさや仕事量の多さから「読み手への心づかい」を怠ります。これは、「書き手の事情」です。

たとえば、早く次の仕事にとりかかりたいときには、このようなメールを書いてしまうかもしれません。

この件については、法務省のウェブサイトに載っていますので、ご参照ください。

読み手が法務省のウェブサイトを日ごろから使いこなしていて、専門家同士なので通じる、というような例外も、もちろんあるでしょう。

ただ、読み手が仮に専門家であったとしても、「ある省庁のウェブサイトの読み方の専門家である」という保証はどこにもありません。

そうすると、こうした文章は、結局のところ「あとは自分で調べてください」というメッセージになります。

上司が部下に対して、「それくらい自分で調べてね」という意図をもって書いているならば、教育という目的があるのかもしれません。

しかし、「業務を円滑に遂行してもらう」ことへの配慮を考えると、どうでしょうか？

すでに書き手がアクセスして、確認した情報を相手に伝える場面のはずです。そのURLをメールに記載することは、ごく数秒の時間をかければ、できてしまうはずです。

このように考えると、最低限でも、そのURLを記載した文章にしておくことが、「読み手の立場」に配慮した文章といえます。

たとえば、次のようにです。

この件については、法務省のウェブサイトに載っていますので、ご参照ください。
以下のＵＲＬからアクセスできます。
https://www.moj.go.jp/MINJI/minji07_00218.html

このＵＲＬにアクセスすると、法務省ウェブサイトの「民法の一部を改正する法律（成年年齢関係）について」にたどり着きます。

この点では親切な文章ですが、実際にはそこにある「パンフレット」の２ページ目に書いてある情報を指している、という場合ならば、それでもまだ不親切でしょう。

ＵＲＬにアクセスするだけでは、参照すべき情報に直接はたどり着けないからです。

そこで、さらに次のような説明を書いておくと、丁寧でしょう。

この件については、法務省のウェブサイトに載っていますので、ご参照ください。
以下のＵＲＬからアクセスできます。
https://www.moj.go.jp/MINJI/minji07_00218.html

上から6番目にある「パンフレット」をクリックしていただき、その2ページ目の左下の表に、「成年年齢を18歳とする国（OECD加盟国）」があります。

ここまで記載して、「参照できる情報」を特定したことになります。

このような手間暇をかけることは、ラグジュアリーホテルでわたしたちが受けるサービスに似ています。

「ああ、あのあたりですよ」「そう、そのへんです」「たしか、あそこに書いてあったと思うので、調べてみてください」ではなく、「ありがとうございます！」と、思わず声をあげたくなるような「手厚いサービス」です。

文章は、読み手に対するサービスです。「面倒くさいから自分で調べてもらえばいいや」という、「書き手」の目線からは離れる必要があります。

POINT

コツは、相手の「読んだあとの行動」を想像すること

03

信用の基盤は、「固有名詞」にあり

諸事情があって固有名詞を伏せる必要がある、そういう場合もあるでしょう。

現状、部署名や担当者名までは記載しないほうがよい、あるいは、あえて記載する必要がない、という場合はあると思います。

ここで重要なのは、文章にはできる限り「具体性」をもたせよう、ということです。

一般的に、固有名詞がない、具体性のない文章は、解釈を読み手に委ねる形になってしまい、相手に「確認の手間」や「無用な不安」を与えるおそれがあるからです。

冒頭で記したように、諸事情の判断から、意図的に固有名詞を示さない場合は、もちろん除きます。

まず、具体性のない文章の例を挙げておきましょう。

たとえば、次のような文章はどうでしょうか？

では、あとで、ほかの人にも聞いてみたいと思います。

ここでいう「ほかの人」が、文脈から特定されているならば、もちろん問題ありません。しかし、「ほかの人」がプロジェクトメンバーを指しているのか、メンバー以外の人も含んでいるのか、状況によってはわからないでしょう。

抽象的な文章では、こうした特定ができないという欠点が生じます。

その結果、「『ほかの人』というけど、誰に意見を聞くつもりなのだろう？」と、この文章を受け取った人は、不安になるかもしれません。そして、

「念のため確認ですが、どなたに意見を聞こうと考えていますか？」

「できる限り多くの人に意見を聞いてもらいたいのですが、ほかの人とはどなたを想定していますか？」

といった確認を読み手にさせてしまいます。

「ちょっとほかの人にも聞いてみるね」という学生同士のようなやりとりは、社会一般の

文章では避けたほうがよいということです。

では、「具体性のある文章」にするには、どうすればよいでしょうか。

意識すべきは、①日時、②場所、③範囲、④期限です。

では、明日、ちょうど○○の会議がありますので、その際に○○のメンバーからも意見を聞いておきたいと思います。結果は、会議後にまたお知らせします。

右記の文章であれば、「明日」行われる（①日時）、「○○の会議」の際に（②場所）、「○○のメンバー」の意見を聞いてもらえること（③範囲）、その結果も会議後に連絡してもらえること（④期限）が、相手にはわかります。

伝えた方向性に問題がなければ、相手から確認をする必要はなくなりますよね。

別のメンバーにまず聞いてほしい場合や、そのメンバーのなかでもとくに○○さんに聞いてほしい場合には、認識の違いが明らかになり、すり合わせができます。

このように、文章にはできる限り「具体性」をもたせる必要があるのです。

結果を報告する場合も、「いろいろな人に聞いてみましたが、みなさん異論はないとのことです」という抽象的な文章より、

「総務部と経理部に確認をしましたが、問題はないとのことでした」

というほうが、具体性がありますよね。

そして、必要な部署の了承が得られているとなれば、読み手に安心を与えられます。


誰に確認したかで意味合いが異なる場合には、

「〇〇課の〇〇さんに確認したところ、問題ないということでした」

という固有名詞があれば、説得力が生じるわけです。

POINT

具体性があれば、そもそもすれ違いは起こらない

04

「伝えるべき情報」を意識できていますか?

前項で、文章には「具体性」が必要であるとお伝えしました。ここでは、加えて「正確性」についてお話しします。

まず、文章と会話の違いは、「具体性」と「正確性」が重要かどうかです。

会話では、具体性がなくても正確性がなくても、ポンポン飛び交うその場の文章以外の文脈によって情報交換はなされます。

「人すごくない!」

「ほんと、それ。絶対、満員だね」

プロ野球観戦にスタジアムを訪れた女子大生の会話は、まったく問題なく成り立っています。実際に現場にいる2人は、視覚情報として「人の入り」を見ているからです。
また、観客が少ない試合も過去に何度も観戦していますし、ある球団の熱心なファンで過去の記憶も共有されているからです。

しかし、この感覚を文章で他者に伝える場合には、別の視点が必要になります。
そのまま文章にしてしまうと、次のようになりがちです。

今日は、なつのとハマスタに行った。いつもと違って、すごい人だった。

SNSで友達に伝える文章としては、問題ないでしょう。むしろ、これくらいのほうが軽いタッチで感覚が示されていてよいかもしれません。
ところが、これが仕事で必要があって視察に来た会社員による、社内での報告文だとすると、「いつもと違って、すごい人でした」では状況が伝わりません。
なぜなら、「いつも」がどれくらいの観客数なのかわかりませんし、「すごい人」が主観的な表現だからです。

仕事で他者に伝達する文章では、とくに「具体性」と「正確性」が必要になるのです。

横浜スタジアムの今年の平均観客動員数は2万人くらいだと思うのですが、今日は明らかに3万人は超えていると球場の人たちが言っていました。

この文章ならば、「具体性」があるといえそうです。

「いつも」について、「平均観客動員数」という数字が示されています。

また、「すごい人」については「明らかに3万人は超えている」という、当日の観客動員に関する数字も示されています。

ただ、問題は、その具体的な数字は「事実」なのか、ということです。

読み手からすると、「2万人くらいだと思うのですが」は主観であり、「明らかに3万人は超えていると球場の人たちが言っていました」は他者からの伝達で、正確な情報かどうか定かではありません。

こうして、「具体性」のある数字には、さらに「正確性」も求められるわけです。

横浜スタジアムの今年の平均観客動員数は、昨日までの21試合で2万1232人でしたが、今日は主催者の発表によれば3万2153人でした。

このように記載すれば、具体性と正確性の双方を示すことができます。
ただ、それだけでは実際に球場に行っていない人でも、ネットで調べれば書ける情報にとどまります。

「事実」にあなたの視点を加える

そこで、先ほどの客観的な「事実」を書いた文章に、加えて「実際に視察した感覚」としてどうだったかを記載すると、文章はいきいきしてきます。

今年3回目の観戦だったのですが、過去2回と違って外野席をみても空席が目につかず、座った内野席も周りに空席がありませんでした。いつもはすぐに買えるみかん氷も、長蛇の列で30分並びました。

単なる感想を、意味もなく述べる文章は避けるべきです。

ただ、現場を視察する仕事では、あなたがその現場に行って実際に肌で感じた様子を文章にすることも、求められているはずです。

その際に、いきなり感想では単なる主観になってしまいますが、客観的な「事実」を先に書いておくことで、あなたが肌で感じた現場感覚に具体性がもたらされます。

POINT

その「具体性」に根拠はあるか、見直そう

05 どれだけ敬語を使っても、「上から目線」はにじみ出る

社会人としての適切な文章が書けない人がいます。

それは、日本語や文法として正しいかどうかの問題は含めていません。

文章に「読み手への心づかい」があるかという意味合いです。

書けない人は、相手を敬う気持ちを「敬語」として表現しようとしているようですが、問題は敬語の正しさ以前にあります。


たとえば、次のような文章を、上司が新入社員からもらったとします。

来週の企画会議の資料なのですが、現在我々が作成しているものを、お忙しいのはもちろんわかっていますが、こちらも事前にきっちりみていただきたいので、現在の案に目を通していただき、明日の朝までに改善すべき点、改善する場合の文案をお示しいただけれ

ば助かります。

この文章を読んで、これはないな……、と思われた方は、社会人としての適切な文章に慣れ親しみ、すでにマスターされている方です。

どこがよくないのかわからないんだけど！　という方もいたかもしれません。

日本語として正しいかどうか、おそらくいろいろ調べながら書いているのでしょうが、大きな問題はなさそうです。

ただ、文章を読んだ上司は、まず、こう思うでしょう。

「なぜ、あなたに指図を受けなければならないの？」

「なぜ、新人から仕事を振られなければならないの？」

不慣れな企画書作成であっぷあっぷなのでしょうか。

しかし、この文章には、相手に対する配慮がありません。

なぜならば、自分が作成すべき資料について、上司に突然明日の朝までに、具体的な要望まで提示して、仕事を要求しているからです。

また、新入社員が上司に「我々」というのも、日本語としてはありでも、我を通すような表現が、不用意に使われているといわざるを得ません。

留意すべきポイントは、次の点です。

①自分の仕事の現状を報告する
②相手に求める行為は、職務上必要な最小限の一つのみを示す
③あとは相手を尊重し、対応を委ねる

来週の企画会議の資料の件で、ご連絡差し上げました。作成中の資料案が完成いたしました（①）。添付ファイルでお送りいたしますので、お時間あるときにご確認いただければ幸いです（②）。

お忙しいところ大変恐縮ですが、よろしくお願い申し上げます（③）。

これでは上司がみてくれない、上司が手抜きをする、アドバイスをさぼるかもしれな

い、もしそう思うとすれば、間違いなく、それは上から目線の発露(はつろ)です。

社会人としての適切な文章とは、それぞれの立場の人が、その職務に応じて適切な仕事をこなすことが前提になっています。それを崩すような内容を、気軽に文章に盛り込んでしまうと、前提を踏まえていない人だと思われるリスクがあります。

メールを読んだ上司は、改善点があればアドバイスをまず与えてくれるでしょう。もちろん仕事を円滑に進めるために、期限を上司に確認すべき場合もあります。そうだとしても、部下から指示するような態度は避けるべきです。

あなたの目的を達成するためには、文章の書き方が重要になります。それは、相手を敬う気持ち、心づかいにあります。

POINT

相手との関係性を崩す言葉はNG

第2章

簡潔に書く

———長々と書かれた文章は、相手の大切な時間を奪う

文章は長ければ長いぶん、相手は「読む時間」や「解釈する手間」が必要になります。とくに多忙な上司やクライアントに読んでもらうビジネス文書では、簡潔に書くことが読み手への“心づかい”といえるでしょう。この章では、「主語・述語の結びつき」「複文」など簡潔に書くうえで注意すべき点をご紹介します。

06

一文は短すぎるぐらいがいい

書きなれない人がやりがちなものに、主語が不明瞭な長文があります。これは「話し言葉」と「書き言葉」の区別ができていない文章、ともいえます。日本語の「話し言葉」では、「。」(句点)が登場しないまま、延々と続くことがよくあり、人はこうした話を「耳」で聞くぶんには、とくに気にならないものです。

たとえば、講演会で次の文章を講師から聞けば、自然と理解できると思うのです。

まず、わたしからお伝えしたいのは、この前テレビのニュースでもやっていました船の事故がありましたが、あのニュースなのですけれど、ここで考えなければならないのは海難事故は起きうることであるとしても、安全性を確保するためにわたしたち私企業はいったい何をすべきなのか、何ができているのかということで、そんなことをまさに考えさせられる報道だったと思うわけです。

こうした「話し言葉」は耳で聞くと違和感がないのに、「書き言葉」として文字に起こしたとたん、異なる印象を与えます。

それは、「もっと整理して書けないのかなあ」「洗練されていない文章だなあ」という印象でしょう。

この点で、明らかになることがあります。

それは「話し言葉」は、そもそも修正ができない、音声という「フローなもの」を耳で聞き理解する行為であるのに対し、「書き言葉」は、推敲されたことを前提とした、文章という「ストックされたもの」を目で読み理解する行為という違いです。

わたしたちは、口から発せられる言葉が、消えてゆくイメージの伝達方法であることを、自然とわかっているのです。

これに対して、目で読む言葉になると、口からあふれ出たイメージとして受ける発想はなくなります。**そして、洗練されるまで推敲(すいこう)が繰り返された「整序された文章」であるこ**

とを、自然に要求するのです。

さきほどの文章は、講演会での講師の言葉と事前にお伝えしていたので、むしろ臨場感あふれるマイクからの息遣いすら、想像できたかもしれません。

しかし、これが国語の教科書に掲載されている論説文だとしたら、いかがでしょう。同じ文章なのに、全然印象が変わるのではないでしょうか？

長い文章を推敲するコツ

わかりやすい文章は、「主語と述語の結びつき」が明瞭です。

推敲する際には、この結びつきが一読してわかるように、句点を活用し、一文をできる限り簡潔にします。たとえば、次のようにです。

お伝えしたいのは、次の点です。

先日、船の事故がありました。この事故は、テレビでも報道されていました。ここで考えるべきことは、2点あります。

それは、私企業はいったい何をすべきなのか、何ができているのかです。

海難事故は、起きうることです。それでも、わたしたち私企業には、顧客の安全を守る責務があります。

そんなことを、考えさせられる報道でした。

すっきりした印象になったのではないでしょうか。

一文が短くなったことで、一文ごとの「主語」が明確になりました。

つまり、主語である「〜は」「〜が」を一文ごとに明確にして、その主語を「〜です」「〜でした」「〜ます」「〜ました」という述語につなげるのです。

なお、最後の一文は、筆者である「わたし」が「考えさせられ」ていますが、隠された主語は「それは」です。「報道でした」という述語に対応しています。

POINT

話し言葉の要領で文章を書くと、うまくいかない

07

主語と述語の結びつき、ずれていませんか？

前項では、一文を短くして、主語を明確にしようとお伝えしました。

ただ、残念なことに、主語がきちんと書かれていても、主語と述語が対応していない文章をよくみかけます。

ポップコーン博士の本は、「財政の改革が必要である」と述べられていた。

こういった文章は、誰もが書いてしまいがちでしょう。

正しくは、次の文章になるはずです。

① ポップコーン博士の本では、「財政の改革が必要である」と述べられていた。

②ポップコーン博士の本には、「財政の改革が必要である」と述べられていた。

もとの文章は、「ポップコーン博士の本は」という主語に対し、「述べられていた」という述語になっており、主語と述語が対応していません。

そこで、「述べられていた」に対応するように、助詞を加え、「では」「には」にしました。

もっとも、「財政の改革が必要である」という主張を述べているのは、ポップコーン博士です。すると、同じ内容を「ポップコーン博士」を主語にした文章でも表現できそうです。次のようになるでしょう。

③ポップコーン博士は、本のなかで「財政の改革が必要である」と述べていた。

主語と述語が結びつく文章を書くには、いったん書いた文章をみて、「主語は何か」「述語と対応しているか」とチェックするくせをつける必要があります。

ＬＩＮＥなどのＳＮＳでは、おそらくどんな人でも主語と述語の結びつきがない文章を書いていると思います。

親しい人との気軽なコミュニケーションの場であれば、気にしないのもありです。ただ、いまはSNSで日常的に他者とやりとりをするからこそ、しっかりした文章を書ければ、相手によい印象を与えられます。

また、気軽に文章のやりとりをする日常があるからこそ、親しい人との間でのやりとりが、文章をよくする練習の場にもなります。

たとえ書かなくても、主語を把握しておく

もっとも、日本語の文章では、そもそも主語が省略されがちです。

なぜなら、主語が省略されても意味が通じることが多いからです。

この点で主語と述語の結びつきのずれは、読み手も内容を(頭の中で修正して)理解することが可能な場合も多いのですが、それでは相手に「考える」という作業をさせる、つまり、手間をかけさせてしまうことになります。

少なくとも書き手は、読み手に負担をかけない文章にするために、たとえ主語を省略したとしても、何が主語であるかを認識しておくべきでしょう。

アメリカの大統領のスピーチを聞いて、(わたしは)感銘を受けた。

そのような話をしたら、驚いた顔で(母が)「どこに?」と言った。

それより昨晩テレビでやってたジブリの映画がよかったよ、と(妹が)言った。

やってたんだ。見逃しちゃったけど、まあいっか(と、わたしは思った)。


最後の文章は、心の声のため、述語も省略しています。

ここに挙げた例文は、ごく簡潔な家庭の出来事をつづったものですが、こうした単純な文章からでも、まずは「主語」を意識しましょう。

そして、**主語がないとわかりにくいと思う箇所には、意図的に右のかっこのような「〜は」「〜が」という主語を明記してみましょう。**

POINT

まずは、LINEの文章から意識してみよう

08

誰でもできる「推敲」のすすめ

一歩立ち止まって、書いた文章をみつめてみる。

仕事に限らず、日常のさまざまな場面で文章を作成し続けるわたしたちは、次のことをつねに意識しておくことが重要です。

優れた文章は、推敲によって生まれる。

推敲によって、的を射た、簡潔な文章に生まれ変わります。

人と話すときは、出たとこ勝負です。発言内容は訂正できても、発した言葉自体を修正することは、会話では困難です。

これに対して、文章の場合には、推敲されることが前提になっています。

作家も記者も、書いた文章をそのまま原稿として提出することはありません。**先述した「主語と述語の結びつき」はもちろん、誤記はないか、文章のリズムや流れはわるくないかまで考えて、プロは何度も文章を読み直し、細かな修正をしています。**

これを「推敲」といいます。文章において推敲を重視する理由の1つに、重複箇所などが削られ、文章がシンプルになる点が挙げられます。

いわゆる「行間」という言葉がありますが、本書の書き手であるわたしも、1項目あたりの文字数の調整のため、一度書いた文章が枠をはみだす場合、あってもなくても意味が変わらないところなどを削除して調整しています。

たとえば、推敲前の文章は次のとおりです。

> いろんなインスタで毎日よくみる著名な有名店に行ってきた。カスタード満載の大きな特大シュークリームにブラックコーヒーが合う。想像以上に、絶品で幸せだった。

このような文章を、ブログやインスタに書くこともあるでしょう。

ここで推敲の注意点を挙げると、次の4つです。

①　書かなくても意味が通じる修飾語は削除する
②　重複表現を削除する
③　同じ意味でも、より内容にふさわしい表現に変えてみる
④　読点の位置も考える

まず、1文目の文章が気になります。修飾語や重複表現が「いろいろ」ありそうだからです。

ここで伝えたいことは、「インスタでよくみる有名なカフェに行った」ことでしょう（店とありますが、文脈から「カフェ」だとわかります。スポーツ用品店にも使われる「店」より、表現としてもふさわしそうです）。また、「いろんな」や「毎日」はつけたくなる修飾語ですが、文章では意味を持たないこともあります。

2文目の文章は、重複表現が目につきます。「大きな特大シュークリーム」とありますが、特大シュークリームの「大きい版」という意味ではないはずです。また、トラックいっぱいの梱包商品にも使われる「満載」より、ク

リームが美味しそうにみえる表現を選びたいところです。

最後の一文は、簡潔です。

一見よさそうですが、「想像以上」がかかるのは、「絶品で幸せだった」よりも「絶品」のほうだと思います。

そこで、**読点の位置を変えることで、「絶品」という味の感想と「幸せだった」という全体の気分を明確に「、」で分けました。**

インスタでよくみる有名なカフェに行ってきた。カスタードたっぷりの特大シュークリームにブラックコーヒーが合う。想像以上に絶品で、幸せだった。

推敲はこのような視点を持ってすれば、誰でも気軽にできますよ。

POINT

「もっと合う表現はないか」と探すひと手間を惜しまない

09

伝達文章に「感想」と「感情」はいらない

ものごとを伝達する基本は、客観的な「事実」を伝えることです。
しかし、わたしたちは日常会話で、むしろ「感想」や「感情」を言葉にするほうが多く、客観的な「事実」だけを口にするのはむずかしいものです。

さきほど家から約３００メートルの距離にあるビルから出火があり、消防車のサイレンが鳴り響いています。現場には、窓からみえる限り、３台の消防車がいて、懸命な消火活動にあたっています。

まるで、報道番組の現場からのレポートのようですね。
このような文章が、客観的な「事実」を伝えたものです。

まさに、伝達する文章を書く際には、そのような「事実のみを伝える」心構えが必要です。

そのうえ、アナウンサーの現場レポートにはテレビ画面を通じた映像情報があります。しかし、文章には映像情報がなく、それを表現することまで求められます。

会話であれば、次のように表現するでしょう。

さっきさ、家のすぐ近くのさ、大きめのビルがあるんだけど、それが突然火事になってて。起きたらいきなり火事なわけ。消防車も何台も来てるし、ものすごいサイレンの音でさ。窓から炎と煙がうちにもやってきそうで、超こわいんだけど。

会話では、これくらいの「感想」や「感情」が入った表現のほうが伝わるものです。

もっとも、それなりに話のなかでは、盛るだろうと多くの人はわかっています。あたまのなかで、引き算をしながらだいたいの想像をするものです。

その際には、「えっ、消防車は何台来てるの?」「家からどれくらいの距離なの?」「家にいて大丈夫なの?」など、疑問点は直接確認できますよね。

しかし、文章ではそうはいきません。

とくに仕事上の文章では、次の留意が必要です。**個人の「感想」や「感情」が入っていないかを確認して、みつけたものは、なるべく削除していくのです。**

たとえば、左記のような文章を、社内の人向けに書いたとします。

本日行われた「〇〇プロジェクト」の会議室に、お忘れ物がありました。黒のペンケースなのですが、この前も同じような忘れ物があったと思います。毎回忘れ物がある会議はどうかと思います。子どもではないのですから、会議室を退席される際には、当たり前ですけど、必ずお忘れ物がないかご確認いただくよう、よろしくお願いいたします。わたしもこんなメールを毎回書きたくないですし……。

これは、客観的な事実を伝えようとしながら、**「また、忘れ物ですか?」「なんでわたしがこんなメールを、毎回書かなければいけないんですか?」という、個人の「感想」と「感情」が込められています。**

こうした文章を書いてしまうことは、イライラしたり、焦っていたり、感情的になっているときにありがちです。

送信する前に、冷静な心で「感想」と「感情」は削除しましょう。

本日行われた「○○プロジェクト」の会議室に、お忘れ物がありました。黒のペンケースです。お忘れ物が続いているようです。連日連夜の会議で大変お忙しいと存じますが、ご退席の際にご確認いただくよう、改めてよろしくお願いいたします。

これでも、伝達すべき内容は十分に伝わるはずです。

単に今回忘れ物があったことだけではなく、「忘れ物が続いている」ことが指摘されており、退席の際の確認もやんわりとお願いしているからです。

POINT

送信・提出する前に、ひと呼吸おこう

10 複文を見つけたら、内容ごとに分割する

すでにお伝えした通り、わかりやすい文章の基本は「一文を短くする」ことです。

なぜなら、長い文章は複文になっていることが多く、複文で主語と述語の対応をコントロールするのは、文章のプロでないとなかなかむずかしいからです。

コントロールできない複文を書いて読み手を混乱させるくらいなら、「一文一内容」の簡潔な文章を心がけたほうがよいでしょう。

複文とは、「主語と述語」の対応で完結する文章が、一文のなかに2つ以上あるものを指します。形式的には一文ですが、実質的にみると複数の文章から成るため「複文」と呼ばれます。内容も、複数になっています。

たとえば、次の文章をみてみましょう。

昨日、佑子とパンケーキを食べたカフェの店長がイケメンだったことを思い出し、「あの店長とまた話したくない？」と言ったら、「へえ、あやのはあんなオジサンがタイプなんだ？」と返されたので、「自分だって、ホストみたいなチャラ男がタイプだよね」と言ってやったが、店長はいったい何歳なんだろう、という疑問がわいてきた。

あやのさんの日記かもしれません。

書いた本人しかみないのが日記です。本人が体験した記憶を文章にしているだけなので、これでも備忘録としては十分でしょう。

日記は書かないという人でも、SNSに日常的に投稿することはあると思います。その場合も同じです。

ただ、すっきりした文章を書ける人を目指すならば、日記を書くときでも、SNSに投稿するときでも、複文にできる限りならないよう、注意したいものです。

コツは、そんなにむずかしいことではありません。

実質的にみて、「1つの内容」を成している部分は、そこで主語と述語を完結させ、一文に分割してしまうのです。

「1つの内容」ごとに分割すると、次のようになります。


昨日、わたしは佑子とパンケーキを食べた。

そのカフェの店長がイケメンだったことを思い出す。

わたしは佑子に、「あの店長とまた話したくない?」と言った。そしたら、「へえ、あやのはあんなオジサンがタイプなんだ?」と返された。

しゃくにさわったので、「自分だって、ホストみたいなチャラ男がタイプだよね」と言ってやった。

あっ、でも、店長はいったい何歳なんだろう?

そんな疑問が、ふとわいてきた。


いくつかの言葉も補いましたが、「一文一内容」で分割をしたものです。

その際、内容にあわせて改行も入れたので、すっきりしたのではないでしょうか。

「昨日」とは、「佑子とパンケーキを食べた日」を指すのか、「イケメンだったことを思い出した日」を指すのか、という読み手を迷わせていた部分も明瞭になりました。

主語を入れるか検討する

このときに、主語をどこまで入れるかは、悩みどころだと思います。

例文では、登場人物が以後わかりやすくなるように、最初に「わたし」と「佑子」がパンケーキを食べたときの話であることを明示しました。

そのため、そのあとは、うるさくならない程度に「主語」を入れます。

4文目の「返された」という述語でおわる文章は、主語が省略されています。隠れた主語は、「わたし(は)」です。「返された」のは「わたし」だからです。

文章の書き方として、佑子を主語にしてしまう方法もあります。

ただ、例文では、じつは全文の主語を「わたし」で統一しています。主語をあえて書いていない部分もありますが、隠れているだけで主語はすべて「わたし」です。

6文目に明示された主語は、「店長は」ですが、その疑問を感じているのは「わたし」ですよね。

これは小説の書き方で議論される「視点」の問題です。

視点、つまり「主語の軸」を決めてしまうことで、この手の複数の人物が登場する文章も書きやすくなるはずです。

POINT

複文を成り立たせるのは、高難度だと心得よ

11 「ですがですが構文」には要注意！

複文について、もう1つやってしまいがちな特徴を挙げましょう。

それは、実質的な一文（主語と述語が対応した文章）を「〜ですが」で延々と続けてしまうというものです。たとえば、次のような文章です。

まずは、昨年度におけるA事業の決算ですが、資料1のとおり報告があがっているのですが、こちらの特徴をお伝えしますと、予算どおりおおむね消化されているといえます。ですが、本年度の予算については、資料2のとおり、若干の減額があるのですが、それはこの事業そのものの問題ではなく、予算割当てについて当社全体のルールに改訂があった点を反映しています。ですが、大きな減額ではありませんし、本年度の事業に支障のない範囲のものですので、ご安心ください。

「ですが」は、口頭で説明するときには便利な言葉ですよね。

「しかし」というと、大きな転換と意気込みを感じます。

これに対して、「ですが」は、逆説の接続詞ではあるものの、「そして」くらいの意味で使うことができます。強いニュアンスをもたない言葉なのです。

会議では、次の内容説明に入るときに、かたくるしい接続詞も使いにくいでしょう。この点でも、「ですが」は使い勝手がよいと思います。

ただし、これをそのまま書き言葉にあてはめてしまうと、例文のような「ですがですが」の文章ができあがります。

おそらく、会議で担当者からの発言として耳で聞くとなれば、この文章そのままでも、とくに気になる「ですが」はないと思います。

しかし、これが文章になると、そうはいきません。

次のような感想をもたれるでしょう。

① 推敲がされていない文章だなぁ

② 書き殴りみたいな文章だなあ
③ 文章力があまりない人なのかなあ

問題は、3つの感想のうち、最後の感想（③）をもたれてしまう危険性です。

メールであれば、たまたま忙しくて推敲の時間がなかったのかと思われる（①または②）だけで済むかもしれません。しかし、そのような印象で済む例は、その人の文章が、おそらく日ごろから、とくに疑問を持たれていない場合です。

そうでない人が書けば、「文章力があまりない人」だと思われてしまうおそれが、つねにあるでしょう。十分に気をつけましょう。

日ごろ接する文章における「印象の蓄積」によって、人は暗黙のうちに相手を評価するものなのです。

むしろ、こうした「ですがですが」を削除するくせをつけることで、きちんとした人であると評価されます。

「ですがですが」の削除ですが、次のように直してみるとすっきりするでしょう。

まずは、昨年度におけるA事業の決算です。資料1のとおり、報告があがっています。

こちらの特徴をお伝えすると、予算どおりおおむね消化されているといえます。

次に、本年度の予算です。資料2のとおり、若干の減額があります。これは、この事業そのものの問題ではありません。予算割当てについて、当社全体のルール改訂があったからです。大きな減額ではありませんし、本年度の事業に支障のない範囲のものです。この点、ご安心ください。


「ですが」でつないでいた部分は、「です」「ます」にして短い一文にしました。

また、文頭に使っていた「ですが」も削除したうえで改行したり、「次に」という接続詞を入れたりしました。

「ですが」ではないものの「ですので」とつないでいた部分も、言い切るように修正し、すっきりさせています。

POINT

信用される文章は、簡潔に言い切られている

12 内容に影響しない表現は、思い切って削ろう

文章を読みやすくするには、文章を洗練させる必要があります。

洗練させるためには、あってもなくても伝える内容に影響が起きない、「余計な言葉」を削除することです。意味のない表現は、できる限り消してしまうのです。

本日、A社を訪問したことについてのご報告なのですが、いくつかありますので、順番にご説明していきたいと思います。

まず、この案件の協賛についてのA社の意向ですが、基本的に前向きに検討したいということです。ただし、いくつかの条件があるということでした。その条件ですが、次の3点を検討してもらいたいということでした。（略）

そもそも、A社という会社と当社という会社との関係ですが、その歴史は長く……。

このような報告文を、メールに書く機会はよくあるでしょう。

一見すると、内容は明快です。A社の意向と条件という訪問の結果もまとめられていて、わかりやすい文章のようにもみえます。

ただ、社会人としての文章を読み慣れた方からすると、少しに気になる「うるさい表現」もあると思うのです。

それは、いちいち「〜ということ」であるとか、「〜していきたいと思います」など、記載しなくても意味の通じる「余計な言葉」が多用されている点です。

こうした表現は、書き手のくせともいえますが、社会人の伝達文章には、できる限り書き手の個性はないほうが、読みやすいものです。

では、どのように修正すればよいでしょうか。

●「説明していきたいと思います」
●「報告していきたいと思います」

こうした表現を書く方は意外と多くいますが、字数稼ぎのようにもみえてしまいます。

もっと言葉を消して、洗練された「大人の文章」にしましょう。

- 「説明します」（敬語を使う場合は「ご説明いたします」）
- 「報告します」（敬語を使う場合は「ご報告いたします」）

このような端的な表現で十分です。「〜ということ」「〜という」などの表現も、「という」はなくても通じます。

つまり、必要に応じて使うとしても、これらの表現が多用されている場合には、文章の表現を変えるのです。

たとえば、次のように変えてみましょう。

本日、A社を訪問した件のご報告です。順番にご説明いたします。

まず、この案件の協賛についてのA社のご意向ですが、基本的に前向きに検討していただけるそうです。ただし、いくつかの条件が提示されました。次の3点です。（略）

そもそも、A社と当社との関係ですが、その歴史は長く……。

「〜していきたいと思います」を削除したほかにも、「〜ということ」など気になった表現を次のように修正しています。

- 他社を主語にしているのに、「検討したいということです」では、幼稚な印象を受ける。ここでは、「検討していただけるそうです」と適切な敬語に変換した
- 「いくつかの条件があるということでした」は、「いくつかの条件が提示されました」として、当社主体の文に修正した
- 「その条件ですが、次の3点を検討してもらいたいということでした」は、「次の3点です」だけで十分に伝わる
- 「A社という会社と当社という会社」は、「A社と当社」に変更して、意味のない重なりを削除した

POINT
「していきたいと思います」は、意味のない表現の代表格

第3章

曖昧さをなくす

――――複数の解釈ができる文章は、誤解やトラブルを招く

「2つの意味にとれるけど、どっちなんだろう」「書き手の意図がわからない」……相手をもやっとさせる文章は、誰もが書いてしまいがちです。このような相手に解釈を委ねる書き方が原因で、あらゆる“すれ違い”は起こります。この章で明確な意図をもった書き方を学び、“すれ違い”を防ぎましょう。

13

「読点」の位置で、意味は何通りにでも読めてしまう

意図せずに複数の意味を与えてしまう文章があります。
そのような読み手に解釈をさせる書き方は、誤解やトラブルの原因になります。
そのため、曖昧さをなくすことが、伝達文章ではとても重要です。
たとえば、どこに「、」(読点)を打つべきか考えることも、その1つです。
次の文章では、読み手が正確に意味を受け取ることができるでしょうか?

それは彼の好きな彼女のお父さんの車です。

頭の体操をさせられてる? そんな文章ですよね。
読点がないことが原因で、複数の解釈ができる文章になってしまっています。

彼が好きなのは「誰か（何か）？」と考えると、「彼女」かもしれないですし、「彼女のお父さん」かもしれないですし、「彼女のお父さんの車」の可能性もあります。

誤解を避けるためには、まとまりをあらわす部分（ブロック）を区切るように、読点を適切な位置に打つ必要があります。

①彼が好きなのは「彼女」の場合
それは、彼の好きな**彼女**の、お父さんの車です。

②彼が好きなのは「彼女のお父さん」の場合
それは、彼の好きな**彼女のお父さん**の、車です。

③彼が好きなのは「彼女のお父さんの車」の場合
それは、彼の好きな、**彼女のお父さんの車**です。

「言われてみれば、そうかもしれない。でも、何だかわかりにくいなあ……」と思われたかもしれません。実際、この文章はわかりにくいのです。

この文章を前提に、読点をどこに打つべきかと考えると、先ほどの3つの例になるのですが、そもそも、確実に「誰（何）」を指しているのかを特定する書き方もあります。

1つは、同じ書き方にしつつも、「かぎかっこ」を使う方法です。

たとえば、**次のように彼が好きな対象（人または物）に「かぎかっこ」をつけると、わかりやすくなります。**

①彼が好きなのは「彼女」の場合
それは、**「彼の好きな彼女」**の、お父さんの車です。

②彼が好きなのは「彼女のお父さん」の場合
それは、彼の好きな**「彼女のお父さん」**の、車です。

③彼が好きなのは「彼女のお父さんの車」の場合
それは、彼の好きな、**「彼女のお父さんの車」**です。

これでも、まどろっこしさが残るかもしれません。

国語の文法の難問かのように読み手を困惑させてしまう。そんなふうに読み手をイライラさせないよう、もっとわかりやすい書き方をする方法もあります。

①彼は彼女が好きです。それは、その彼女のお父さんの車です。
②彼は、彼女のお父さんのことが好きです。それは、そのお父さんの車です。
③彼は、その車が好きです。その車は、彼の彼女のお父さんが所有しています。

①は、文章を2つに分けて、それぞれ主語（は・が）と述語（です）のつながりを明確にしています。
②も③も、同じです。2つの文章に分けて、主語と述語の対応を明確にする。
これは、第2章でご紹介した「主語と述語の結びつき」ですね。
こうした工夫が、文章に含まれる曖昧さをなくすのです。

POINT

曖昧さをなくす工夫は、さまざまある

14 「断定できる事実」と「推測した意見」を分ける

文章には、大きく分けると、２つの要素があります。

１つが「事実」で、もう１つが「意見」です。

「事実」は、客観的なもので、そこに個人の意見が入り込む余地はありません。

次の文章がその例です。

2022年6月1日、A社本社ビル17階の第3会議室で、午後1時から午後2時まで、会議が開催された。議題は「新商品の開発」で、参加者は、経営企画部2名、商品開発部5名、営業部5名の合計12名だった。

このように「事実」は、現に起きたこと、あるいは将来起きる（予定されている）ことであり、基本的には5W1Hで表現できます。

誰がみても、これらの事実は変わらないため、客観性があることになります。

会議が開催された場所、日時、参加者の人数や所属部署は、認識誤りや記載誤りがない限り、ほかに答えはないでしょう。


これに対して、「意見」は、個人の主観的な考えになります。

事実と異なり、さまざまな内容が考えられます。

たとえば、同じ会議に出席したAさんとBさんの報告文をみてみましょう。


全体的に活気のある議論はみられず、従前のヒット商品をなぞるような提案しかなされず、面白みのある企画はありませんでした。


会議に参加した経営企画部のAさんの文章には、個人の「意見」が述べられています。

これに対して、営業部のBさんは、次のような報告をしたかもしれません。

経営企画部のAさんから「新規性のある企画はできないのか」という指摘もありましたが、商品開発部から提案された「○○バージョン7」は、ヒット作の最新版です。売れ行きの良好な商品なので、手堅い企画であったと感じました。

以前に報告していた小売店の意見も取り入れた「バージョンアップ」がなされていました。営業部の意向が反映された企画になっていた点を、ご報告申し上げます。

同じ会議に出席していても、経営企画部のAさんは「面白みのある企画はない」と否定的に感じているようです。一方で、営業部のBさんは「手堅い企画であった」とよい感触を得ているのでしょう。

このように「意見」は、「事実」とは異なり、それぞれの立場や人によってさまざまであるという特徴があります。

この点に注意することが、伝達文章を書くときには重要です。

「事実」と「意見」は一文に混在させない

ありがちなのが、「事実」のような書きぶりだけれど、じつは事実から推測した個人の「意見」だったという問題です。

「事実」と「意見」を混在させた文章は、コミュニケーションに齟齬(そご)を起こしかねません。**それを防ぐためにも、「断定できること(事実)」と、「事実から推測したこと(意見)」を明確に分けて書く必要があります。**

前者は「動かしがたい事実」といわれ、後者は「推認される事実」と裁判では使い分けられています。

たとえば、次のような文章では、両者の混在がみられます。

ただ、営業部のメンバーには好意的な意見を述べる者もいて、この企画を支持している人が何人かいるようでした。

この書き方だと、「営業部に好意的な意見を述べる者がいる」という「事実」と、「支持者が何人かいるよう」という推量による「意見」が、線引きなく一文で書かれています。

営業部の明確な意向が示されたわけでないならば、次の文章のほうが正確でしょう。

ただ、営業部のBさんは「営業部が以前に報告した情報が尊重されている」と述べていました。その際、営業部のほかの4名も大きく頷いていました。

この点から、営業部においては、この企画を基本的に支持しているようでした。

次回の会議で、明確な意見が述べられたら、またご報告いたします。

1、2文目は、断定できる「事実」です。3文目は、こうした事実を前提に、経営企画部Aさんが推測した「意見」が述べられています。

1、2文目の事実は、3文目の推測による「意見」の根拠になっています。この点で、「断定できること（事実）」と事実から「推測したこと（意見）」が区別されています。

こうした文章であれば、どこまでが真実なのか検証もしやすく、読み手も状況を正確に把握できるでしょう。

POINT

読むときも、「事実のように意見を書く人」に要注意

15 「根拠のない推量」で書いたとたん、信用を失う

伝達文章では、「断定できること（事実）」と、「推測したこと（意見）」を分けて書くことが重要でした。

とはいえ、実際のところ、会話ではこうした厳密さは求められないものです。

「ああ、あの会合ですか。たしか、来週開催だったと思いますけど」
「来週か。そうだったよね。ありがとう」

このような会話は、普通にありそうです。

「たしか、～だったと思いますけど」などという曖昧な表現が許されるのは、会話が「その場で話すことができる情報」のみで成り立つからです。

ところが、これを、仕事のメールで書いてしまうと、どうでしょう?

あの会合ですが、たしか、来週開催だったと思います。

これでは、メールを受け取った相手からの信用をなくすことは、間違いないでしょう。「あの会合」という時点で、そもそも曖昧ですよね。

文章は、会話と違い、会合の名前を調べてから正確に記載することが求められているのです。会合の名前は、断定できる「事実」です。

「事実」の記載には、面倒でも文章を書く前に、調べて確認する必要があります。

新スイーツ商品を自由に語る会議(通称「新スイ会議」)ですね。

このように記載すれば、「あの会合」というような曖昧さを防ぐことができます。

同様に、「新スイ会議」の次回開催日も調べる必要があります。

調べた結果、次のような文章を書けるのです。

新スイーツ商品を自由に語る会議（通称「新スイ会議」）ですね。
次回の開催は、6月6日（月）13時からでした。場所は第7会議室です。

「あの会合」の名称や、「たしか、来週開催」の正確な日時を、調べて明記することで、文章には信頼が生まれます。ここでは、さらに読み手の方への心づかいから、会議の「場所」も「第7会議室です」と添えています。

直接聞かれていなかったとしても、読み手に対するサービスを尽くそうと考えれば、自ずと、場所もお知らせしたほうが喜ばれるだろうとわかるでしょう。

相手が知りたいであろう情報は何か、想像力をはたらかせるのです。

はじめに挙げた例文の場合、6月6日（月）開催は、実際に「来週開催」だったのかもしれません。

しかし、それはたまたまあたっていたというだけです。

「たしか、〜だったと思います」という根拠が示されない推量は、「違っていたとしても、責任は負えません」という言い訳にも聞こえます。

この時点でこの文章は、信頼できないだけでなく、文章に対する責任（文責）も負わない、「無責任な文章」になってしまいます。

会話では、普通に「あの」「たしか」「だったと思います」で済むものが、文章では済まないのです。

それは、なぜか。文章は「調べて書く」ことが前提になっているからです。

また、文章はこれを送信した相手に残ります。会話文と違い、そのまま保存される文章の記載は、慎重でなければならないのです。

POINT

調査・確認・書くはセットだと考える

16 含みをもたせず、はっきりと「定義づけ」する

会話とは異なる「文章の特色」を考える重要性が、段々とわかってきたのではないかと思います。ここでは「定義づけ」という視点を、お話しします。

日本語の言葉の意味は1つに限られるかというと、そうではありません。国語辞典をみれば、言葉は多義的です。**使う場面によって、同じ言葉でも意味が異なったり、人によって異なるニュアンスで使うこともあるでしょう。**

これは、会話においてもあらわれます。

たとえば、次の会話をみてみましょう。

美優：最近、スイーツでいいのある？

七海：どうかな。あっ、あれ！　スタバのメロンフラペチーノ。

彩香：期間限定のね。でも、フラペチーノって、スイーツなの？
美優：それな。わたしの推しは、断然、原宿と表参道の間にある大福だね。
七海：え？　大福って、和菓子だけど。
彩香：そうかも。わたしは、チーズケーキにハマってるかな。
美優・七海：あー、わかるかも。

女子大生3人の会話ですが、それぞれスイーツのとらえ方が違うようです。

美優さんは「大福」を挙げているので、甘いものであれば、和菓子も入ると考えているようです。しかし、「フラペチーノ」をスイーツに挙げた疑問に「それな」と言っているため、飲み物は含めないようです。

七海さんは、「フラペチーノ」を挙げているので、甘いものは飲み物も含めてスイーツということでしょう。でも、和菓子には、否定的な発言をしています。

これに対して、彩香さんは、「フラペチーノ」がスイーツであることに疑問を呈しています。そして、「チーズケーキ」を挙げ、大福に対する七海さんの疑問にも「そうかも」と言っているので、洋菓子に限定したイメージを持っているのかもしれません。

そこで、スイーツの概念をめぐる3人の見解は、次のように整理できるでしょう。

	大福（和菓子）	フラペチーノ（飲み物）	チーズケーキ（洋菓子）
美優	○	×	○
七海	×	○	○
彩香	×	×	○

チーズケーキがスイーツであることに、争いはなさそうです。

和菓子と飲み物には争いがありました。

3人のスイーツ概念を定義すると、美優さんは「食べ物限定説」、七海さんは「和菓子除外説」、彩香さんは「洋菓子限定説」といえそうです。

会話のなかでは、このような定義づけをしなくても、3人はおそらくお互いに、それぞれのスイーツのとらえ方を、わかったことでしょう。

しかし、文章の場合は、直接聞くことも、会話を続けることもできません。

そのため、人によってとらえ方が異なる可能性のある言葉は、はっきりと「定義づけ」をしておいたほうが、言葉に含みをもたせずに済みます。

たとえば、次のような文章を書いてみるとよいでしょう。

あなたは、スイーツといえば、何が好きですか？

あっ、ここでのスイーツとは、広く甘いもの全般を指します。飲み物でも、和洋中も問いません。

インスタのストーリーズでありそうな気軽な呼びかけですが、さらりと「定義づけ」がされています。

POINT

気軽に確認ができない文章では、先に定義を示す

17 賢く見られる人は、「誇張表現」を控えている

文章が上手な人が、基本的にやらないこと。**それは、「誇張表現」の使用です。**

これも、日常会話では「すごいね」「やばすぎる」「ほんとに辞めてもらいたい」「めちゃ美味しい」という誇張表現をしたほうが、読み手に伝わることもあるでしょう。

しかし、文章は、基本は推敲を経て完成させる「抑制的な表現手段」です。抑制的な文章。そこに派手さはありませんが、じつは魅力もあります。

それに仕事の場面で、誇張表現を連発すると、どうしても、賢くない印象を相手に与えてしまいます。

たとえば、次のような文章です。

昨日は、**非常に**素敵なお店にご招待くださり、**本当に**ありがとうございました。

とてもおしゃれなお店で、フレンチのコースも**驚くほど**美味しかったです。

食事に連れて行ってもらったことへの御礼のメッセージのようです。

喜びと感謝を伝える文章表現は難しいので、読み手によっては、このような誇張表現があったほうがよいこともあるでしょう。

そこで、**ここでは、文章における「誇張表現」は、基本あってもなくても意味が変わらないことを、知っていただければと思うのです。**

たとえば、次のように書き換えたら、どうでしょうか？


昨日は、素敵なお店にご招待くださり、ありがとうございました。

おしゃれなお店で、フレンチのコースも美味しかったです。


こうしてみると、感謝の気持ちでつい力強く書いてしまいがちな誇張表現は、じつはなくても意味に変わりがないことが、わかるのではないでしょうか。

この例は、食事に招待されたお礼の文章ですので、仕事上の付き合いであっても、誇張表現のひとつやふたつあったほうが、書き手のキャラとして喜びを伝えやすい場合もあるかもしれません。それは、その時々でよいのです。

では、次のような文章では、どうでしょう?

調査の結果を、ご報告いたします。

結論から言いますと、**とても驚くべきこと**が発覚しました。**非常に重要なポイントになるのですが**、A社の社長をつとめるB氏ですが、経歴詐称の疑いが**とても濃厚であるようです**。

A社ウェブサイトに記載されているB氏の経歴には、「〇〇大学非常勤講師」とあるのですが、**本当は**ゲストとして招待され、授業で**たったの一度だけ**、講演をしただけのようです。

いかがでしょうか。いちいちうるさい表現だなと感じたのではないでしょうか。

ビジネス文章になればなるほど、誇張表現は使わず、抑制的に書いたほうがよいのです。書き手の慎重さ、冷静さが伝わり、賢い印象を与えるからです。

たとえば、誇張表現をとると次のようになりますが、意味はそのまま伝わり、うるささもなくなるのではないでしょうか（1文目は省略します）。

結論から言いますと、以下の事実が発覚しました。

A社の社長をつとめるB氏に、経歴詐称の疑いがあります。

A社ウェブサイトに記載されているB氏の経歴には、「○○大学非常勤講師」とあるのですが、ゲストとして招待され、授業で一度、講演をしただけのようです。

「たったの一度だけ」というのは、会話では伝わりやすいとしても、文章では重複表現にすらみえてしまいます。

これらも消してすっきりさせると、抑制的な文章の魅力がわかると思います。

POINT

誇張表現がなくても、あなたの気持ちは十分伝わる

18

「客観的な数値」が推奨される真意

誇張表現ではなくとも、客観性が認められず、避けたほうがよい表現があります。
それは、**説明内容に入れてしまう、「高い」「狭い」などの主観的な表現です。**
これも、会話であれば、むしろ通常使われるような言葉です。
たとえば、次のような女性同士の会話があっても、それは自然でしょう。

佑香：直美の彼って、背高いよね。
美紅：たしかに。結構な高さだよね。わたしの彼背低めだから、マジうらやましい。
佑香：でも、あれだけ高いと、ホテル泊まるときとか、困るみたいだよ。狭！って。
美紅：そしたら、逆にお泊りするときは、超広い部屋にしてもらったらいいかも。

わたしたちは、このように「高い」「低い」、あるいは「広い」「狭い」といった形容詞を、日常会話で普通に使います。

これをそのまま文章にすると、読み手をもやっとさせる文章になってしまいます。

なぜならば、人それぞれの主観で「高さ」や「広さ」は変わってくるからです。

冒頭の会話の、佑香さんは身長が154cmで、美紅さんは身長153cmでした。そして、話題になった男性2人の身長は、「結構な高さ」という直美さんの彼が182cmで、「背低め」という美紅さんの彼は164cmでした。

ところが、前提が変わったらどうでしょう。

佑香さんは170cm、美紅さんは173cmだったとします。すると、話題の男性2人の身長も、自ずと変わってくるのではないでしょうか。

高身長な女性の場合には、「結構な高さ」と表現された直美さんの彼は190cmで、「背低め」という美紅さんの彼は174cmかもしれません。

ここで重要なのは、文章では、具体的な数字を出すことで、はじめてイメージできるということです。身長は、1つの例ですが。

つまり、「高い」「低い」では、人により「高さ」「低さ」の基準が違うため、書き手と読み

個人によって、イメージする「高さ」「低さ」は違う

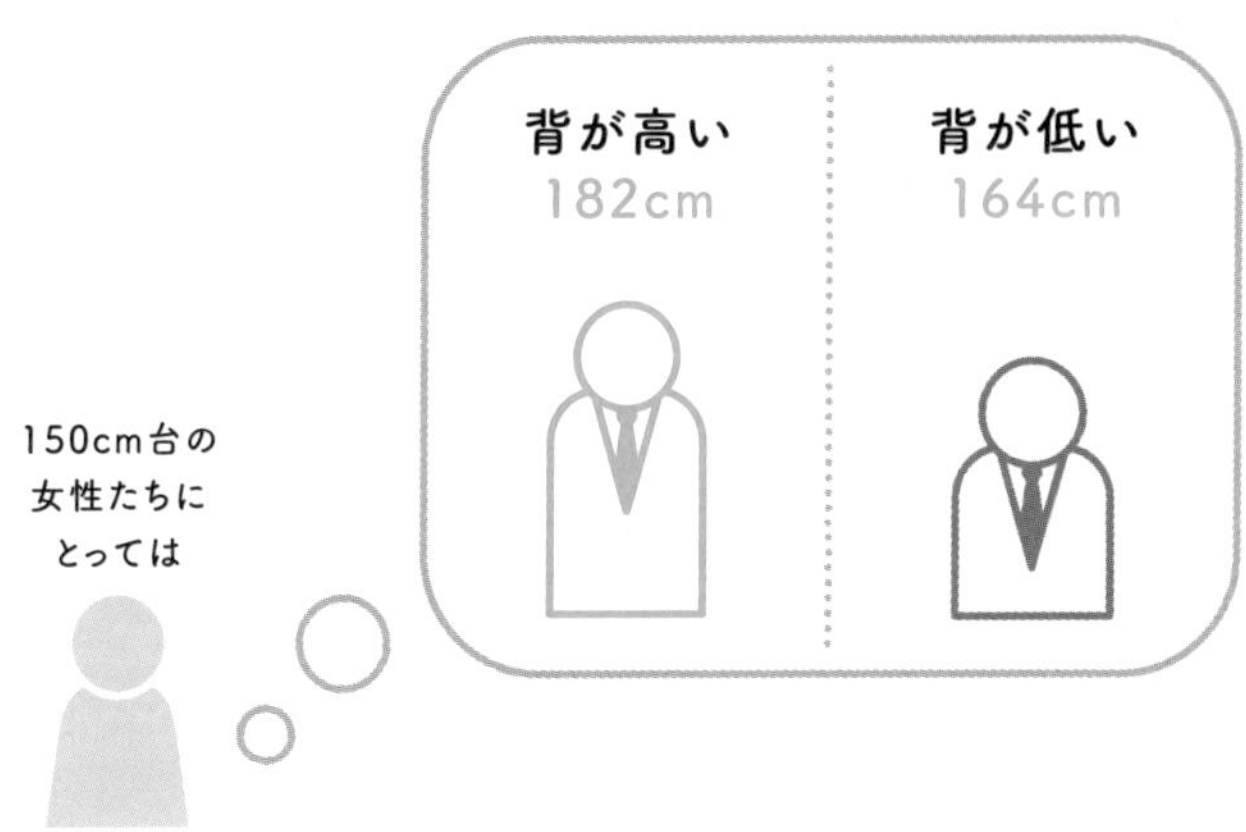

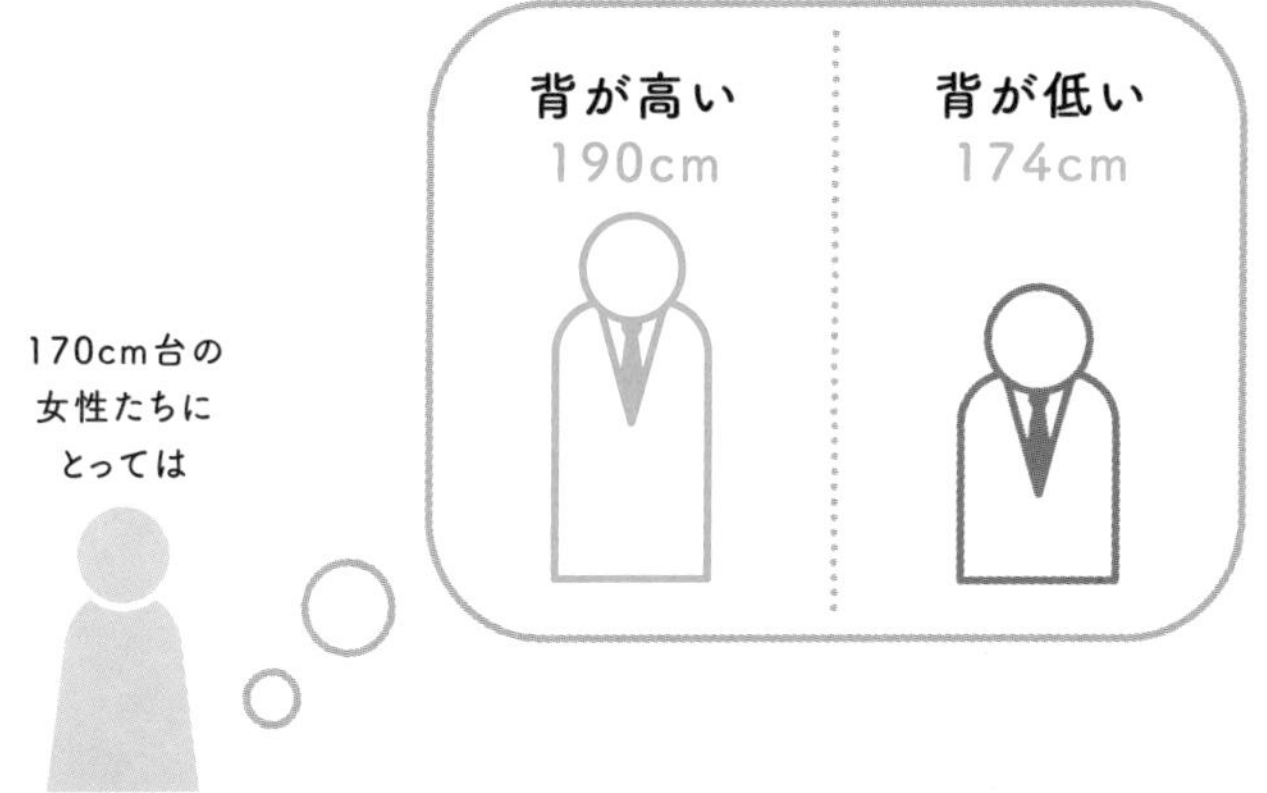

▷▷▷ 具体的な数字がないと、
認識がずれたまま話が進んでしまう

手のイメージにギャップが起きるおそれがあるのです。

ホテルの部屋でも、同じでしょう。

いつも高級ホテルに泊まり、年に1回は都内の有名高級ホテルのスイートルームにも宿泊するAさんがいたとします。彼にとって、50平米の部屋は「普通」でしかなく、40平米の部屋は「狭い」と感じるかもしれません。

いつも節約して、旅行で泊まるホテルも、全国チェーンのビジネスホテルが中心。そんな、部屋の広さにこだわらないBさんであれば、50平米の部屋は「めちゃ広い」と感じるでしょう。40平米の部屋も「広い!」と思うはずです。

もしも形容詞を使いたい場合は、具体的な数字も添えるようにします。

すると、客観的な数値を伝えながら書き手の微妙な価値観も伝えることができます。

逆にいえば、個人の価値観を伝えたくなければ(伝えるべきでないビジネスの場では)**、やはり主観的な形容詞は使わないほうがよいことになります。**

来週の大阪出張のホテルですが、お部屋は、普通と広めのどちらがよいですか。

たとえば、このような文章を読んでも、書き手の価値観を把握できなければ、「普通」と「広め」が、読み手にはイメージできません。

来週の大阪出張のホテルですが、①18平米のシングル（海側）と、②28平米のダブル（シングルユース。山側）のどちらでお取りしましょうか。

このような文章であれば、書き手の価値観の記載は一切ありません。
そして、数値化された情報が記載されているため、どちらを選ぶか選択がしやすくなるでしょう。

POINT

「大小」「高低」「広狭」の基準は人により違う

19

マイナーな数値には、「評価」を添える

高い、狭いなどの形容詞を使う文章は、書き手の価値観（主観）が前提になってしまうので、避けたほうがよいとお話ししました。

そして、書き手の価値観を出さず、読み手が具体的にイメージするためには、「客観的な数値」を使った説明が有効でした。

客観的な数値は、その数字が正しい限りは、解釈の余地がなくなります。身長167㎝といえば、盛っていない限り、ほかの解釈は生じませんよね。

一義的に伝えるための武器になるのが、この「客観的な数値」です。

しかし、客観的だからといって、一般に知られていないような数値を使ってしまうと、かえって、内容をわかりにくくさせるおそれがあります。

たとえば、次の文章を読んで、どのような印象を受けるでしょうか。

横浜にあるランドマークタワーは、296mの高さです。国内ランキング1位のあべのハルカスとあまり変わらないんですよね。

ビルやマンションの高さを意識している人は、あまりいないと思います。国内のビルの高さランキングも、誰もが把握しているわけではありません。

そこで、こうした「マイナーな数値」を使用する場合は、その「意味」がわかるように、「評価」の言葉を添えると、ぐんとわかりやすくなります。

たとえば、次のようにです。

横浜にあるランドマークタワーは、**296m**の高さです。大阪にあるあべのハルカスが、**日本の高層ビルで最も高い**のですが、それでも**300m**です。ランドマークタワーは、**これに次ぐ国内2位の高さ**です。**国内最高峰といえます。**

このように、両者の高さとランキングを比較したうえで、評価を添えるとイメージがわくでしょう。

さらに、サービスを尽くすとすれば、よりイメージしやすい階数も添えることでしょう。また、竣工年も入れれば、歴史も感じることができます。

横浜にあるランドマークタワー（1993年竣工）は、296mの高さです。これに対し、大阪にあるあべのハルカス（2014年竣工）が、日本の高層ビルで最も高いのですが、それでも300mです。

ランドマークタワーは地上70階で、じつはあべのハルカスの地上60階より、階数は多いです。国内2位の高さは、竣工から約30年経っても健在で、国内最高峰といえます。

（注）2023年秋には、麻布台ヒルズ（地上330m）が誕生しますが、その前の状況を前提にしています。

客観的な数値は、一義的な意味を与えます。この点で、漠然とした形容詞だけを使うよりも、はるかにわかりやすい内容になります。

そして、一般に知られた基準のない「マイナーな数字」を使う場合には、相手が自分で調べなくても、読んですぐにわかるような情報を添えることが大切です。

第1に、ある数値を示す場合、比較対象の数値も添えることです。

第2に、その数値だけではイメージがむずかしいと思われる場合は、ほかの数値も挙げることで、立体的な情報にすることです。

第3に、わかりやすいランキングがある場合には、ランキングを示すことです。

そのランキングが1万5091位のようにイメージを持ちにくい場合には、「平均値」を示し、平均との差異を示す方法もあります。

そして、最後に、数字の「意味」を「評価」することです。

POINT

専門的な数値は、ひと工夫加えてこそ活きる

20

「自分ごとに思えない文章」に共通すること

仕事の依頼文を書く場面は、意外と多いのではないでしょうか。
このようなときに、書き方次第で読み手の反応率は変わります。
たとえば、次の文章で依頼した場合、読み手はすぐに動いてくれるでしょうか？

さきほどの会議で議論になった「新規プロジェクト」の件ですが、よい企画があれば、ご提案いただければ幸いです。

一見すると、とくに問題はなさそうです。
しかし、1週間たっても、誰からも提案について返信はありませんでした。
書き手が「お願いしたのに、いつになっても企画案が届かないなあ」と困っているのだとしたら、そもそも書き方に問題があったといえるかもしれません。

なぜならば、「よい企画があれば」という条件付きのお願いは、よい企画が思いついた場合にだけ、提案を求めているように読めるからです。

また、いつまでに提案してほしいのか、期限も設定されていません。

そのため、1週間経過した時点で、「企画を考えているものの、まだ提案できる段階ではない」という人が、読み手にいる可能性も引き起こしていきます。

このような文章は、お互いの意図が、正確に伝わらない典型といえます。


では、どのように修正を加えればよいでしょうか？

まず期限については、次のように最初から明示する方法があります。


さきほどの会議で議論になった「新規プロジェクト」の件ですが、よい企画があれば、**7月7日（金）までに**ご提案いただければ幸いです。

太文字の部分が追加した文章です。期限を明示するだけでも、1週間たっても反応が何もない、という「すれ違い」現象は起きにくくなるでしょう。

しかし、これでも、まだ反応がこないかもしれません。

なぜならば、まだ「企画のある人だけに提案してもらえればよい」と読める文章になっていることは、否めないからです。

相手が動きやすい工夫をちりばめよう

もし、そのような意図で書いた文章だったのであれば、「期限をすぎたけど、結局企画の提案はなかったな」という結果が得られたことになります。

そうではなくて、基本的には何らかのアクションがほしかったという想いが残るのであれば、読み手に「自分ごと」に思ってもらう工夫をしておくとよいでしょう。

新規プロジェクトの企画の提案というのは、状況はわかりませんが、簡単にできるものではないようにもみえます。

そうであれば、具体的な検討事項を明示し、その点について期限内に回答してもらう方法もあるでしょう。

さきほどの会議で議論になった「新規プロジェクト」の件ですが、部署としては具体的な企画を提案するか否かについて、来月末までにまとめる必要があります。

以下の検討事項について、7月7日(金)までにご回答いただければ幸いです。

① 新規プロジェクトの方向性についてのご意見
② 実現可能と考えられる企画内容
③ いまは実施すべきでないと考える企画内容

検討事項を記載したことで、具体的な意見が集まりやすくなるはずです。

仕事を依頼する文章では、読み手に自分ごとに思ってもらえるよう、「期限」と「検討事項」を書き手の側で明示しましょう。

POINT

人は制約がないと、どう動けばよいかわからない

21

「疑問」や「反論」は先につぶやこう

本や資料を読んでいて、ツッコミを入れたくなった経験は、誰しもあるのではないでしょうか？

①「じゃあ、こういう場合はどうするの？」
②「そういうけど、別の考え方もあるのでは？」
③「何の根拠をもって、そんなことを断言できるの？」

こういうツッコミをしたくなる文章は、読み手に何らかの「ひっかかり」を与えている文章といえます。たとえば、次の文章を読んだ人は、右に書いたような①、②、③のツッコミがしたくなるかもしれません。

①記憶力を向上させるためには、その日のうちにノートにまとめることが重要です。
②日本の安全保障を全うするためには、防衛力を強化することが必要です。
③昭和時代には大量にいた巨人ファンも、令和時代には大きく減少しました。

①の文章を読んだ人には、
「じゃあ、部活や課題で忙しくて、その日のうちにノートにまとめられない場合はどうするの？」
という「疑問」が起きるかもしれません。

こうした「疑問」が読み手に起きる文章は、自然に受け流すことがむずかしい「ひっかかり」があることを意味します。
この「ひっかかり」を放置して、文章を書き進めてしまうと、その文章の書き手に対する読み手の「疑問」は増幅します。

これに対して、**逆に読み手に生じるであろう「疑問」を想定して、次の文章で「疑問」を**

「解消」する文章を書いておく方法があります。

次の例ですが、どうでしょうか？

記憶力を向上させるためには、その日のうちにノートにまとめることが重要です。このように述べると、「忙しくて、その日のうちにノートを書けない場合もある」という疑問もわき起こるかもしれません。（※1）

しかし、そのような心配は不要です。もちろん、そのようなときは翌日であっても構いません。大事なことは、講義を受けてから時間が経ちすぎる前に、授業を振り返りノートにまとめておくことだからです。（※2）

このように、1文目で読み手に生じるであろう「疑問」を想定した書き手は、次の文章で、その想定した「疑問」を書いてしまいます（※1）。

そのうえで、次の文章でこうした「疑問」に対する「回答」をします（※2）。

このように展開すれば、読み手は生じた「疑問」を、書き手が理解してくれていること、その「回答」まで用意してくれたことが実感できます。

そして、「疑問」が「解消」したという達成感を得ることができます。

②、③の例でも、同様です。

日本の安全保障を全うするためには、防衛力を強化することが必要です。このようにいうと、まずは外交によるべきではないかという反論もあるでしょう。もちろん、外交努力は重要です。しかし、外交だけで国を防衛できるわけではありません。ウクライナ戦争の例を考えれば、わかると思います。

これは、**読み手に生じた「反論」に対する「納得」を与える書き方**といえます。

昭和時代には大量にいた巨人ファンも、令和時代には大きく減少しました。これは、次にまとめた1983年と2023年のアンケート調査の結果をみれば明らかです。

これは、**読み手に生じた「不信」に対し、根拠を示すことで「信頼」を得る書き方**になります。

読み手が抱くであろう「ひっかかり」を想定できるようになると、文章の質はぐんと上がります。
「読み手の疑問→解消」「読み手の反論→納得」「読み手の不信→信頼」というパターンを、ぜひ覚えておいてください。

POINT

ひっかかりを回収してあげると、ぐっと心は掴まれる

第 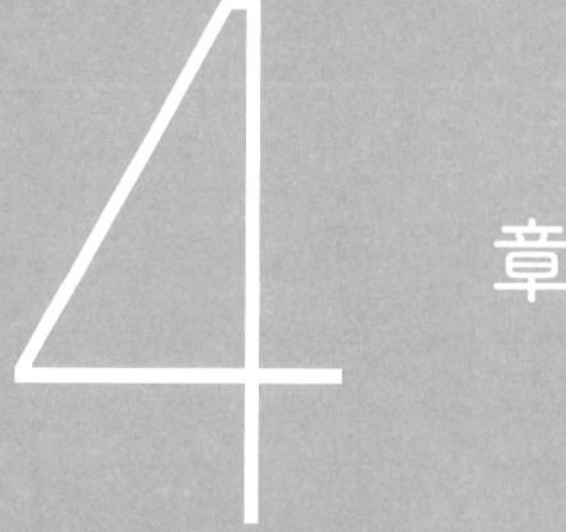 章

型を決める

———形式に沿っていない文章は、スムーズな理解を妨げる

「基本の型」を知ることで、誰でも簡単に論理的な文章が書けるようになります。そして、型のある文章は、「こんな展開になるだろう」と予測がつきやすいため、読み手が文章を理解する手助けになる、といううれしい効果もあります。この章でさまざまな型を学び、ぜひ、明日から実践してみてください。

22

「要旨」と「理由」で文章は構成されている

本書では、的確に事実を伝えることを目的にしている文章を、「伝達文章」と呼んでいます。仕事で書く文章は、この定義によればすべてが伝達文章といえます。

そして、伝達文章にも、用途・目的に応じて「報告するための文章」「記録するための文章」「提案するための文章」「意見を伝えるための文章」「相談を求めるための文章」などさまざまあると思います。

伝達文章には、オリジナリティは求められておらず、型に忠実なほうが好まれます。これは、いわば形式に沿っている文章といえるでしょう。

まずは、形式に沿っていない文章を、例としてみておきましょう。

本日開催された会議ですが、何といいますか、スムーズに進行しませんでした。計画どおりいけば、来月末には承認をもらい、次のステップに進めたのですが、そうは行かなかったのが残念です。

反対勢力による妨害とも思える意見が相次ぎ、結局こうなってしまいました。何より、経営企画部のAさんの意見が効いたようです。

次回会議までに対策を練る必要が出てきました。うまくいかないものです。


ある会議の進捗を報告する文章のようです。

内容は、何となくは伝わってくるかもしれません。むしろ親しい間柄であれば、このような文章が伝わる場面もあるかもしれません。

ただ、型を意識したほうが、読み手には断然伝わりやすくなるでしょう。

その1つに、「要旨（ようし）」と「理由」に分ける方法があります。

「要旨」とは、伝達のキモとなる「結論」を指します。

裁判で原告の弁護士が書く「訴状（そじょう）」には、「請求の趣旨」と「請求の理由」の2本立てからなるのですが、これも要するに「結論」と「理由」の二部構成です。

あまり感想めいたことを記載しはじめると、「要旨」と「理由」の境目から脱線がはじまり、伝えるべき内容がぼやけてしまいます。

この点から、伝達文章では、基本は「要旨」と「理由」のみを記載すればよいと考えるくらいが、よいかもしれません。

たとえば、次のように直してみると、どうでしょうか？

本日開催された会議ですが、以下のとおりご報告申し上げます。（題目）

結論ですが、計画どおりに次のステップに進めることができませんでした。（要旨）

わたしたちの企画に対して、いくつかの反対意見が示されたからです。とくに、経営企画部のAさんの意見は「予算」と「人事」の両面から、鋭い指摘がありました。（理由）

次回会議までに、対策を練る必要が出てきました。（今後の課題）

この件、近く、またご相談させてください。（今後の進行）

1文目では、この文章の「題目」が、会議の報告であると示されています。

2文目では、「結論」、つまり「要旨」が示されています。
3、4文目では、具体的な「理由」が示されています。
5文目では「今後の課題」が、6文目では「今後の進行」が示されています。

このように分析していると、「要旨」と「理由」が中核になり、その前に報告に必要な「文章の題目」があり、後には「今後（課題と進行）」からなっていることがわかります。

こうした型を意識すると、余計なことを書かずに、端的に必要事項のみを盛り込んだ報告文が書けるはずです。**「題目」→「要旨」→「理由」→「今後」の順です。**

ここでは、報告する場面を想定していますが、提案ならば「システム改善案を提案します。理由は2点です」、相談ならば「どの案がよいか迷っています。なぜかというと……」という具合に、さまざまな場面で「要旨＋理由型」は使えます。

POINT

「要旨＋理由」は、報告・提案・相談でも使える万能型

23
すらすら書ける、3つの「構造のフォーマット」

どのような順序で、どのように書いたらよいのか、よくわからない。
そんな文章の悩みがある方は、まずは、「構造のフォーマット（型）」を知るとよいです。
文章は、目的に応じて、わかりやすく単純化すれば、いくつかのパターンとしての「構造のフォーマット」があるからです。

まず、シンプルで簡潔な文章の基本には、「要旨＋理由型」がありました。

前項でも述べましたが、重要なのでおさらいです。伝達文章では、「要旨と理由」の2分割の型を意識するのがよいと述べました。次のような文章です。

わたしは、その提案に反対です。（要旨）
なぜなら、計画の全体像が示されていないからです。（理由）

結論である「要旨」をまず述べて、そのあとに「理由」を「〜からです」と添えます。これは、「ですます調」ですが、「である調」であれば、次のようになります。

わたしは、その提案に反対である。
なぜなら、計画の全体像が示されていないからである。

このように、まずは、「要旨」と「理由」をシンプルに、一文ずつで述べる型を覚えましょう（理由が1つであるため、「要旨＋単一理由型」といえます）。文章の構造は、こうした「基本原則」をマスターすると、あとは応用で書けるようになります。

理由を複数述べる場合には、次のような応用もできます。「要旨＋理由複数型」です。

わたしは、その提案に反対である。（要旨）
理由は、2点ある。第1に、計画の全体像が示されていないからである。第2に、過去にあった類似の計画が失敗におわっているからである。（理由複数）

このように、理由を複数にする場合、理由の数を最初に伝え、あとは、「第1に、〜からである」「第2に、〜からである」という構造で書けば、わかりやすくなります。

さらに、その応用型としては、「総論＋各論型」があります。

「総論」で全体像を簡潔に示してから、詳細を「各論」で示す方法です。

わたしは、その提案に反対である。（要旨）

理由は、2点ある。第1に、計画の全体像が示されていないからである（①）。第2に、過去にあった類似の計画が失敗におわっているからである（②）。（総論）

理由の詳細は、次のとおりである。以下、①と②に分けて論じる。（各論）

まず、①であるが……。

次に、②であるが……。

2つの理由があることを総論で示した際に、①②という番号をつけておきます。

そして、各論で、「まず」「次に」と、総論で示した①と②の詳細を書くのです。

このように、「構造のフォーマット」を使えば、長い文章も書けるようになります。

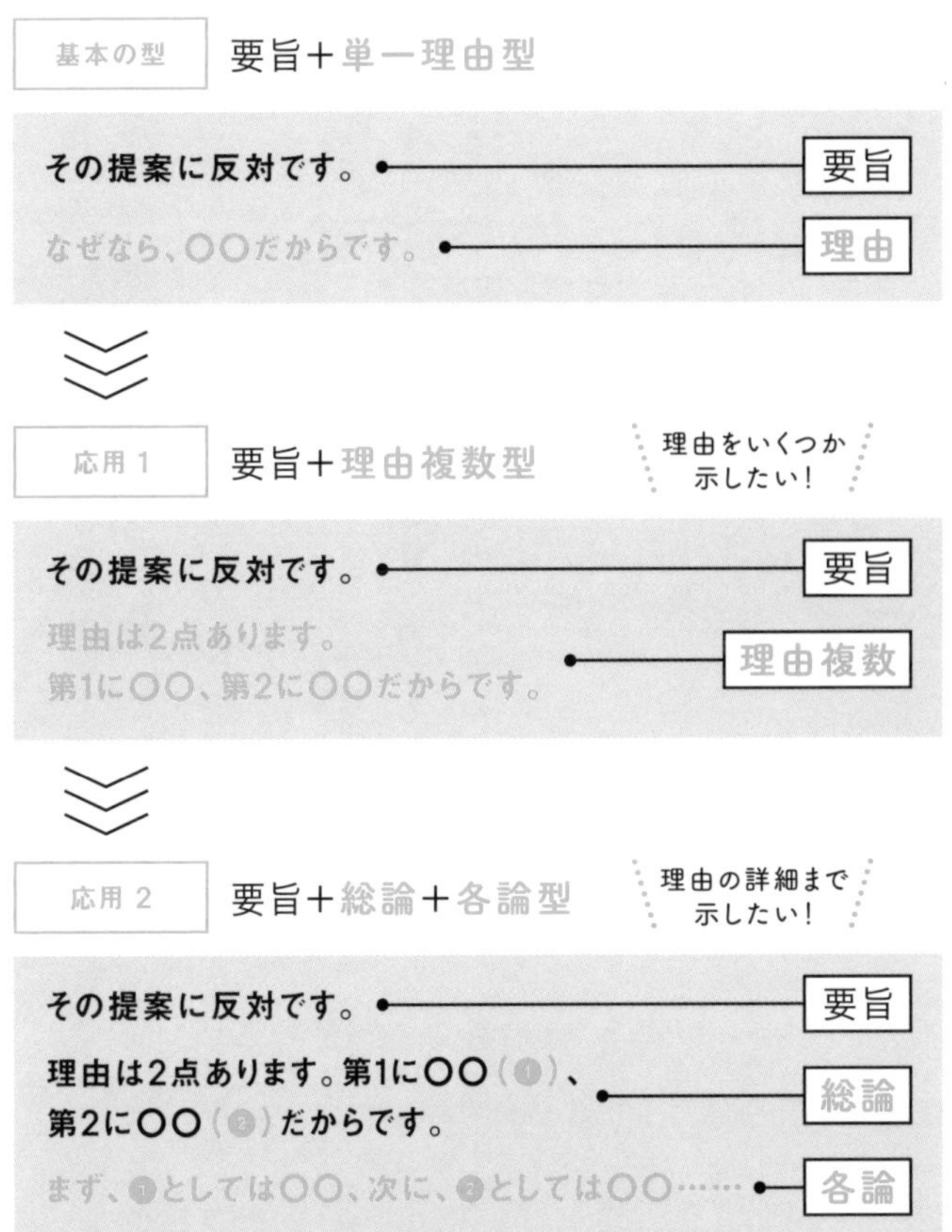
「要旨+理由型」の種類（例:意見を述べる場面）
基本の型
要旨＋単一理由型
その提案に反対です。
要旨
なぜなら、〇〇だからです。
理由
応用 1
要旨＋理由複数型
理由をいくつか示したい！
その提案に反対です。
要旨
理由は2点あります。
第1に〇〇、第2に〇〇だからです。
理由複数
応用 2
要旨＋総論＋各論型
理由の詳細まで示したい！
その提案に反対です。
要旨
理由は2点あります。第1に〇〇（❶）、
第2に〇〇（❷）だからです。
総論
まず、❶としては〇〇、次に、❷としては〇〇……
各論
▷▷▷
こうして、論理的な文章が書けるようになる

ここまで本書では、文章は簡潔にするべきだと説いてきました。

しかし、現実には、文章が長くなってしまい、整理できない方もいれば、そもそも、文章をどのように書いてよいかわからず、長い文章を書くこともできないという方もいると思います。

後者の方が、こうした「構造のフォーマット」を意識できると、じつは、文章は「小さなまとまり」と「小さなまとまり」の結合体であるとわかります。

いま示したように、「要旨＋理由型」のシンプルな二文構造が、どんどんふくらんでいくことで、長い文章になるのです。

構造のある文章は、長くなっても伝わるので、読んでもらえる文章になります。

POINT

「構造」は、書き手と読み手の方向指示器になる

24 集中が途切れやすい「断りのない重複」って？

それなりの量のある文章を書く場合があると思います。

試験でいえば「論文式」があり、学生の方はレポートの課題や卒業論文を書くでしょう。仕事の場面では、報告書や企画書を作成するでしょう。

こうした「分量のある文章」を書く場合に、起こりがちなのが、前に書いたことを忘れてしまい、別の場所でもう一度書いてしまうことです。

書いたものをさっと目で追うだけで、文章全体を見返すことができないぐらいの分量になったときには、「重複」に留意が必要です。

たとえば、次のような文章です。


プロスポーツ全般で、賭博を合法化することには、反対である。

なぜならば、一般に合法化されている競馬や競輪と異なり、プロ野球など子どもが純粋にスポーツとして楽しむものが「賭け」の対象となれば、教育面で悪影響があると考えるからである。……

（10ページ後の文章）

プロ野球などのプロスポーツについても、海外では賭けの対象とされていると聞く。それによって日本のプロスポーツによって生じるお金が、海外に流れてしまう。そこで、日本でも、全般的に賭けを合法にすべきという見解があるが、反対である。

たしかに、法律で競馬や競輪のように賭けの対象となることが例外的に許されているものもある。しかし、そうしたものは「賭け」の対象である前提があり、スポーツとして楽しまれているプロ野球などとは違うはずである。ファンに子どもがいることを考えると、海外に合わせようということではなく、教育面に与える影響を考えるべきだと思う。

少し長めになりましたが、このように似た内容の文章が、同じ文書のなかで断りもなく複数回登場すると、読み手はどう思うでしょうか。

おそらく、「あれ？　前にも同じような内容が書いてあった気がするぞ」と、思うでしょう。そして、10ページ前の似たような文章を探して、両者の文章を照らし合わせるでしょう。そして、きっとこう思うはずです。

「この人は、前に自分で書いたことを忘れて、同じことを2回書いているのかな」

「それとも、文章の構成が練られていないまま提出してしまったのかな」

「なんだ、ダブってるぞ。完成度が低いなあ……」

文章が信頼をなくす瞬間ですね。

原因は、全体の構成を考えずに、「断りのない重複」をしたことにあります。

まず、全体の構成を考えておけば、文書全体のどの部分で、「子どもの教育に与える悪影響」について触れるべきかを練ることができたはずです。

そうすれば、同じことを、2回も書いてしまう失態は避けられたはずです。

「断り」が入れば納得しながら読める

また、長めの文書では、類似する内容を、必要があってもう一度記載したとしても、おかしくはありません。

ただ、その場合には「断り」を入れる必要があります。「前述のように」「上述したとおり」といった言葉を添えれば、読み手も、「そうだよな。たしかに、前にも書いてあったな」と、確認しながら読むことができます。

- 前述したように、子どもの教育面に与える悪影響が懸念される。
- 子どもの教育面に与える影響から、プロスポーツ賭博の合法化に反対であることは、前述のとおりである（○ページ参照）。

2回目の文章は、こうした記述を示すくらいでよかったかもしれません。2案目は、該当ページ数まであり、読み手に対するサービスも徹底されていますね。

POINT

ちょっとしたうっかりが、文章にとっては命取り

25 「伝える内容」に応じて順番を考える方法

そもそも文章を書くことが苦手な方は、「構造のフォーマット」を、マスターするのがよいとお伝えしました。

その手の「型」は、さまざまな文章の本で紹介されているでしょう。

たとえば、「起承転結」（四段構造）にはじまり、「はじめ＋なか＋おわり」と呼ばれる三段構造があり、最もシンプルな単純構造として「要旨（結論）＋理由型」もあります。

しかし、苦手意識のある方も、こうした「型」を知らないわけではないでしょう。きっと、聞いたことはあるけれど、「うまく使えない」のだと思うのです。

そうすると、本当に重要なことは、文章を書くにあたり、そのつど適切な順番を考えることです。それは、書き手が重視する「伝えたい内容」に応じて考えます。

生クリームがたっぷりのパンケーキを食べた。

一緒に食べたのは、サークルの先輩のKさんだった。

生クリームのボリュームがあり、全部食べられるのか心配だった。

でも、食べることができた。Kさんも「これ、美味しいね」と笑顔だった。

デートができて、幸せな1日だった。


日記なのか、匿名のブログなのかはわかりません。

この文章における「伝えたい内容」は、最後の文章にある「幸せな1日」でしょう。

同時に、生クリームが多くて食べられるか心配だったけど、全部食べることができたこと、一緒に食べたKさんも「これ、美味しいね」と笑顔だったことも書かれているので、きっとパンケーキも美味しかったのだと想像できますよね。

幸せなデート風景を描きたかったのであれば、成功といえる文章でしょう。

では、この出来事を違う視点から書いてみると、どうでしょうか？


ハワイ発という、有名なパンケーキのお店がある。

甘いものが、わたしはあまり得意ではない。
でも、大好きなKさんの誘いなので、来たのだ。
予想以上の大量の生クリームに驚いた。甘すぎて、食欲が止まる。
Kさんは生クリームが好きみたいで、「これ、美味しいね」と笑っている。幸せだ。
残してしまいたかったけど、何とか食べることができた。

同じ出来事でも、「好きな人と来たお店で、苦手な甘いものと格闘するシーン」が強調されますよね。５行目に「幸せ」という言葉がありますが、「何とか食べることができた」でおわるため、１つ目の例文とは印象が変わります。

甘いものが苦手なわたしが、パンケーキで有名なお店に行ったのはなぜか。
かわいいかっこをしたお店のお姉さんが、大量の生クリームを持ってきた。
こんなお店には、女友達となら絶対に来ないと思った。
それなのに来たのは、サークルの先輩のKさんに誘われたからだった。
パンケーキのほうは、水で胃に流し込み完食した。

そんなことより、彼の「これ、美味しいね」という笑顔をみることができた。

このように書くと、「伝えたい内容」は、先輩のKさんのこと、お店でみせてくれた笑顔にありそうです。

文章は書く順序で、読み手に与える印象が変わります。**順番を考えるコツは、最後に何を書くかを決めることです。**

3つの例をみても、最後の文が全体の印象をつくっていましたよね。**また、文の入り方でも工夫をすれば、全体の流れの方向性を示唆できます。**3つ目の例文は、問題提起から入っているため、なぜ来店したのかに主眼が置かれた文章になりました。

型がしっくりこない人は、文章の「目的」との関係で、適切な順番になっているか考えましょう。思いつくままに書くことで、意図しない文章になることを防げますよ。

POINT

何ごとも、はじまりとおわりで印象が決まる

26

使いやすい接続詞は、ワンセットでもっておく

ロジックがある文章とは、全体の構造が明確になっている文章です。
1つひとつの文に、意味のあるつながりがはっきりと読み取れる文章ともいえます。

そこでは、「感情」や「感覚」は排除され、必要なことのみが、筋道を立てて述べられています。

さきほどのパンケーキのお店の話には、とくにロジックはありませんでした。

日常をつづった文章では、むしろロジックがないほうがほっこりと読めます。

これが仕事の文章や、自分の意見を説得的に論じる小論文になると、ビシっとした「型」が必要になります。

ここでは、文章と文章をつなぐ「接続詞」の使い方に着目してみましょう。

① 並列にみせる「まず・次に・さらに」

複数のことを、フラットに並べる場合に用います。

「まず・次に・さらに」を使うと、きちんとした印象の文章に変わります。

動物園が人気の理由を考えてみたい。

まず、パンダなどの愛らしい動物を、リアルにみることができる点が挙げられる。

次に、老若男女を問わず、誰でも楽しめる点も挙げられる。

さらに、ほどよく歩くことになり、運動になる点も挙げられる。

「まず・次に・さらに」という型は、3つのことを並列的に述べる場合に使える接続詞です。2つの場合は「まず・次に」でよく、4つ以上ある場合には「第1に・第2に・第3に・第4に……」という書き方がよいでしょう。

② 論証する「たしかに・しかし・したがって」

論証する場合に使える接続詞は、「たしかに・しかし・したがって」です。

これは、小論文や論文式の資格試験などで、よく使われる「型の王道」です。

仕事の場面では、自分の意見を通したいときに使うことができます。

たとえば、次のような文章が挙げられます。


たしかに、隣国同士は、できる限り話し合いをするべきである。

しかし、ひたすらミサイルを発射するような危険な国もある。

したがって、自国の安全を守るためには、現実の防衛策を講じることも必要になる。


このように、「たしかに」で、まず「反対の考え方」を述べます。

次に「しかし」という逆説で、「別の考え方」を述べます。

最後に「したがって」で、これを受けた「意見」を結論として述べるのです。

この型を使うと、自分の意見を「反対説」も意識したうえで、多角的に検証している印象を読み手に与えます。

もし「たしかに」がなければ、次のように一方的な意見にみえてしまうからです。

ひたすらミサイルを発射するような危険な国もある。
したがって、自国の安全を守るためには、現実の防衛策も講じることが必要になる。

③ 理由を添える「なぜなら」

ほかにも、意見や考えを述べた直後に使うと、きちんと「理由」が述べられた印象になる便利な接続詞があります。
それは、「なぜなら」です。「要旨＋理由型」のおさらいになりますが、「なぜなら」の文には、必ず「から」をつけます。

匿名によるＳＮＳでの発言には、慎重さが求められる。
なぜなら、投稿が拡散することで、誰かを傷つけるおそれがあるからである。

④ 抽象論でおわらせない「たとえば」

抽象的な文章のあとに、「たとえば」という接続詞を使えば、抽象論でおわらせずに具体論にも言及する文章が書けるようになります。

次のような文章です。

実際に、日本の周囲には我が国の安全をおびやかす国がある。
たとえば、北朝鮮である。

このように、接続詞を上手に使うことで、簡単にロジックを示すことができます。文の構造が明確になると、読み手の理解の質も伝わるスピードもぐんと上がるでしょう。

POINT

接続詞から考えると、自ずと書く内容が見えてくる

27
接続詞で「書き手のポジション」を定める

書き手がどの立場で意見を述べているのか、さっぱりわからない文章があります。

①たしかに、早急なＡＩ導入については反対すべきようにも思えるのですが、賛成する側の理由にも納得できてしまうところがあります。
しかし、同業他社の状況も考えると、このまま何もしないわけにはいかないという意見があります。それはそのとおりなのですが、他社の状況ばかりみていても、当社の方針は生まれません。

②今回の新企画については、問題があると思われます。なぜならば、予算の観点で考えたときに、実現可能性がないといわざるを得ないからです。そうであれば、賛成できない

という意見があるのも、一理あります。

やはり、企画内容を再度検討し直してみて、現実に実施できるものに修正することが必要という意見もありますが、いかがでしょうか。


断言するのがこわいからでしょうか。

それとも、自分の意見に確証が持てないからでしょうか。

曖昧な立ち位置のままに書かれた文章は、何を伝えたいのか読み取るのが困難です。

「本当の意見は何だろう？」と推測しなければならなくなる、読み手のストレスは想像に難くありません。


もちろん、すぐには明確な意見を示すことができないときもあるでしょう。

さまざまな利害関係のあるビジネスの場では、なかなか自分の立ち位置が明確にならなかったとしても、何もおかしくはありません。

しかし、それならば、現時点の意見であったとしても、読み手に伝える工夫をしたほうがよいです。

そこで有効なのが、接続詞でポジションを定める方法です。冒頭で挙げた①と②の文章を、次のように修正するのです。

①**たしかに**、早急なAI導入については問題もあるかもしれません。これまで蓄積のある議論をしてきたわけではなく、拙速になるおそれもあるからです。**しかし**、同業他社の状況も考えると、このまま何もしないわけにはいかないと思います。報道によれば、すでにA社とB社はAIの導入を行っているからです。何もしなければ、この分野での生き残り競争から脱落する危険もあります。**したがって**、まずは当社の方針を明確にすることが重要と考えます。

ここで使った接続詞の型は、前項でも登場した「たしかに」「しかし」「したがって」です。この型を使うことで、「たしかに」で反対の意見にも配慮しながら、「しかし」で自分の意見の理由を述べて、「したがって」の結論を導く流れをつくっています。「たしかに」と「しかし」の段落では、それぞれ2文目で「〜からです」を使い、理由を示しています。

肝心な意見は、「当社の方針を明確にする」と記すことで、AI導入という難問の答えは出ていない立場からも、なすべきことを明確にしています。

②**たしかに**、今回の新企画については、問題もあります。なぜならば、予算の観点で考えたときに、このままでは実現が難しいからです。

しかし、その企画内容が魅力的であることは間違いありません。現状ある問題は企画内容ではなく、予算額です。

ですから、再度検討し直すべきは予算であって、企画内容ではないと考えますが、いかがでしょうか。

ここでも、「たしかに」「しかし」の型を使っています。最後は「ですから」を使いましたが、①と②は型そのものに大きな違いはありません。

もとの例文②は、書き手の意見が不明瞭であるため、最後に「いかがでしょうか」と言われても、答えようがありませんでした。

修正した文章には、「再度検討し直すべきは予算であって、企画内容ではない」と書き手

の意見が明瞭に示されています。そのため、「いかがでしょうか」が文末にあっても問題はなさそうです。

このように、接続詞を上手に使うことで、自分のポジションが定まります。自分の意見がなかなか持てない方は、まず書き方を見直してみましょう。接続詞をマスターすれば、少なくとも文章が曖昧で、意見がわかりにくいという事態は、あっさりと避けられるでしょう。

POINT

接続詞があると、「どうしたいか」が伝わりやすい

28 多くの情報を伝える工夫①
番号をつける

情報量が多い場合、それを一文でみせられると、読み手の負担になることがあります。たとえば、次のような文章です。

本日の会義で指摘された今後の検討事項は、提携先の候補者案の修正、事業計画の見直し、予算案の減額、過去の事例の洗い出し、実施予定日の延期でした。

なぜ、読み手の負担になるのかというと、「今後の検討事項」が、一文に詰め込まれている、つまり羅列だからです。この内容を書くならば、読み手の負担を考えると、「複数の事項」の1つひとつに番号をつけることが有効です。

次のように番号をつけると、印象が変わります。

本日の会義で指摘された今後の検討事項は、①提携先の候補者案の修正、②事業計画の見直し、③予算案の減額、④過去の事例の洗い出し、⑤実施予定日の延期でした。

記載された内容はまったく同じでも、羅列された「複数の事項」に番号をつけるだけで、整理された印象になりました。

このように番号を振る方法も、1つの型といえます。

総論と各論を、番号でリンクさせる

さらに1つひとつに言及したい場合、振った番号を活かすことができます。

本日の会義で指摘された今後の検討事項は、①提携先の候補者案の修正、②事業計画の見直し、③予算案の減額、④過去の事例の洗い出し、⑤実施予定日の延期でした。（総論）

具体的には、以下のとおりです。（各論）

まず、①「提携先の候補者案の修正」です。原案の候補者とは異なる候補者案も追加したいとのことです。また、②「事業計画の見直し」については、別紙記載の3点を修正するように、とのことです。

次に、③「予算案の減額」です。原案の3000万円から、計画案の費目をみると、1～2割の減額が可能ではないか、との指摘を受けました。

④「過去の事例の洗い出し」については、法的問題がないかの再検討のために、過去事例の資料を精査するようにとのことです。

最後に、⑤「実施予定日の延期」です。これは、以上のさまざまな検討が必要になるため、当初の予定日を数か月延期する必要があるのではないか、と指摘を受けたものです。具体的に可能な「実施予定日」案を複数出すように、とのことでした。

このように、全体をまとめた文章（総論）で示した番号は、その詳細を述べる文章（各論）でも同じように番号を振ると、両者のリンクを示すことができます。

いわゆる「総論と各論のリンク」ですが、これも型の1つといえます。

ちなみに、「総論＋各論型」はP120でも紹介しました。

両者には伝える「目的」に違いがあります。P120は、自分の意見を論理的に伝えることで、相手を説得する目的があります（要旨と理由）。これに対して本項は、複数の事項を相手にもれなく伝える目的があります（概要と詳細）。

つまり、さまざまなシチュエーションで、この型は活かせるということです。

わかりやすい文章を書くためには、細かな工夫が必要です。

さきほどの文章では、番号のあとに「かぎかっこ」で事項の内容も重ねて書いています。番号があれば、その内容は次に書くときに省略もできます。内容には触れずに、「①については……」という書き方もできます。

短い文章にまとめる必要があるとき、番号は文章の圧縮も可能にするのです。

複数の事項を記載するときは、番号を使って整理してみましょう。

POINT

一番もったいないのは、見た目で敬遠されること

29 多くの情報を伝える工夫②
箇条書きにする

複数の事項をもれなく伝えるための型を、ここでもう1つご紹介します。
複数の事項がすべて並列関係にある場合に、すべて書き尽くそうとすれば、次のような文章になってしまうでしょう。

新入生のみなさんは、シラバスをよく読んで、それぞれの授業内容を確認してください。オンライン授業を併用するものもありますから、学生ポータルサイトを開いて、各授業の実施方法も確認してください。4年間の履修計画を立てるため、修得単位数や1年に修得可能な上限単位数等を確認しましょう。次の2点もお忘れなく。履修登録期間までに、選択科目等の履修登録をしてください。学校生活のしおりにも目を通してください。

新入生も新入社員も、転職先の職場でも、異動先の部署でも、わたしたちは、最初に多くの情報を与えられますよね。

先述した文章でも、丁寧な書き方ではあるかもしれません。

しかし、ここで書き手が伝えたい内容は、要するに、「新入生が確認すべき事項」だと考えられます。

そうであれば、最初に、これから「確認すべき事項」を述べると伝えたうえで、あとは、箇条書きにしたほうがわかりやすくなるでしょう。

たとえば、次のようにです。

新入生のみなさんは、以下の点をご確認ください。

- シラバスに記載された各授業内容
- 学生ポータルサイトに掲載されている各授業の実施方法
- 修得単位数、1年に修得可能な上限単位数等

次の2点も、忘れずに行ってください。

- 履修登録期間までに、選択科目等の履修登録をすること

● 学校生活のしおりにも目を通すこと

箇条書きにする際に、それぞれの確認が必要な「理由」も削除しました。理由よりも重要だと思う「確認事項」を明確にするためです。

もし必要であれば、文章のあとに必要な理由を添える方法もあります。

● 箇条書きの最後に（　）をつけて簡潔に記載しておく
● 必要な項目のみ（注）をつける

このように、最初に「確認事項」であることを伝える一文を書き、そのあとは、その「確認事項」を文章ではなく、箇条書きで列挙するのです。

このような書き方は、多くの情報を一度に伝える必要がある場合に便利です。

ちなみに、前項では「番号をつける」方法を紹介しました。

両者の大きな違いは、数字が示されているかどうかです。

そのときどきに応じて、判断して使い分けるとよいでしょう。
数字まで示したほうがよいのは、数がそれなりに多い場合や、番号で特定する要素が高い場合です。数字があるとかえって混乱するのは、番号には意味がないため、つけると数字がうるさく見えてしまう場合です。

憲法や法律でも、こうしたタイプの条文があって、「列挙事由（れっきょじゆう）」と呼ばれます。たとえば、民法には、裁判離婚の「離婚事由」が、次のように列挙されています。

第七百七十条　夫婦の一方は、次に掲げる場合に限り、離婚の訴えを提起することができる。

一　配偶者に不貞な行為があったとき。
二　配偶者から悪意で遺棄されたとき。
三　配偶者の生死が三年以上明らかでないとき。
四　配偶者が強度の精神病にかかり、回復の見込みがないとき。
五　その他婚姻を継続し難い重大な事由があるとき。

情報が詰め込まれた一文を読みやすくする

基本の型 1 番号をつける

今後の検討議題は、❶〇〇〇、❷〇〇〇、❸〇〇〇、❹〇〇〇、❺〇〇〇でした。

応用 「総論と各論型」にする

概要だけでなく、詳細まで示したい！

今後の検討議題は、❶〇〇〇、❷〇〇〇、❸〇〇〇、❹〇〇〇、❺〇〇〇でした。 ― 総論

まず❶としては…、❷としては… ― 各論

基本の型 2 箇条書きにする

今後の検討議題は、以下となります。
・〇〇〇
・〇〇〇……

応用 最後に（かっこ）でつけ加えたり必要な項目のみ（注）をつける

概要だけでなく、理由や注意事項まで示したい！

今後の検討議題は、以下となります。
・〇〇〇（〇〇〇のため）
・〇〇〇 （注）〇〇〇……

▷▷▷ ひと目で理解できるから、読み手の負担は軽減される

こうした文章の利点は、並列関係にあるたくさんの情報を「事由」として列挙する形にして、これを総括する内容の一文を最初に書いておけばよいことです。

シンプルな記載になるため、読み手に負担を与えません。書き手としても、すっきりとストレスなくまとめることができるでしょう。

事項をたくさん列挙する場合、箇条書きを挿入したほうが伝わりやすいのです。

POINT

箇条書きは、簡潔さと親切さを兼ね備えている

第5章

取捨選択する

———詰め込みすぎた文章は、何が重要かわからない

「あれもこれも伝えたいため、情報を詰め込んでしまう」——その気持ちよくわかります。しかし、このような文章を書くと、読み手に「整理されていない」「考えられていない」と判断されてしまうかもしれません。勇気を持って“捨てる”ことで、あなたの伝えたい内容がより際立つ、ということをこの章ではお伝えします。

30

目的に応じて、「何を書かないか」を決める

正確に伝えたいと思うあまり、あれもこれも漏らさず書こうとしてしまう。そのような経験はありませんか？

情報が詰め込まれた文章は、「つまり何が言いたいのだろう」と読み手に考える手間をかけさせます。忙しい上司の場合、パッと見ただけで、「よくわからないから再考して」と文書をつき返すこともあるでしょう。

つまり、書き手は伝えたいことを自分でよく認識したうえで、それが読み手に伝わるように、情報を取捨選択する必要があります。

実際のところ、「何を書かないか」を決めると、あなたが伝えたいことがより際立って伝わるのです。

優れた文章をつねに模索している作家の文章の書き方に、こうした視点があらわれてい

るものがあります。

村上春樹氏の短編に「めくらやなぎと、眠る女」という作品があります（同『レキシントンの幽霊』〔文春文庫〕所収）。

耳の聞こえのわるい14歳の年の離れた従弟を、仕事を辞めたばかりの25歳の主人公がバスで病院まで連れて行く話なのですが、過去に公表された「めくらやなぎと眠る女」という「、」の有無だけに違いのあるタイトルの作品（同『螢・納屋を焼く・その他の短編』〔新潮文庫〕所収）を、圧縮して書き直されたものです。

ストーリーの基本は同じです。しかし、両方の小説を読み比べると、前者のほうが後者より短く表現されている箇所が多く、テンポもよく、話も頭に入りやすいのです。

実際、作者も朗読をする際に読み直して、約4割をカットしたようです。実際に読むという作業を経ることで、なくてもよい表現がみつかったのでしょう。

推敲のポイントとしては、次のようにいえます。

一度書いた文章を、読み直す。そして、詰め込みすぎの文章になっていないか点検する。

読む側は、余白があるくらいのほうが「想像力」も駆使でき、読みやすいということが実際にあるからです。

もちろん、小説とは異なり、伝達文章には、伝えるべき重要な情報があるはずです。それらをもれなく、わたしたちが書き尽くす必要もあるでしょう。

ただし、それを神経質にやりすぎると、「50ページにまとめました。めちゃ詳細ですよ」という文章を書いてしまい、読み手を困らせるおそれがあります。読み手は、1分で読める文章がほしいだけなのに、です。

たとえば、第三者委員会の意見書や報告書は、ときに100ページを超えるような詳細な情報を盛り込みます。しかし、その場合でも、短く読める「要約」をつけます。

全体の概要を短くまとめたものが、要約です。短い要約があることで、ボリュームのある文章も、短時間でアウトラインをつかむことが可能になります。

人は、文章に詳細を求める場合ですら、同時に簡潔さも求めるのです。

たとえば、次のような文章があったとします。

3日前のことです。2022年5月21日の15時30分すぎのことなのですが、部長に声をかけられて会議室で、次の点を告げられました。

この文章で重要なのは、おそらく部長から告げられた「次の点」でしょう。このようなときに、「何を書かないか」を決める視点が発揮できます。年月日と日時は「詳細な事実」ですが、とくに重要ではないはずです。会議室（場所）や、声をかけられたこと（方法）も不要と思われます。

先日、部長から、次の点を告げられました。

意味はそのまま通じますし、**余計な情報がそぎ落とされ、シンプルに伝わる**のではないでしょうか。「何を書かないか」を決める、それは「省略の技術」なのです。

POINT

情報を加える？ 省略する？ それを考えるのも〝心づかい〟

31

「目的」に沿わない記述は削除する

書く前には、その文章の「目的」を明確にする必要があります。**目的が明確になれば、削除すべき文章を判断できるようになるからです。**
たとえば、次のような文章があったとします。

今回の問題は多岐にわたりますが、本質的な問題としては経理部における不正疑惑です。資料を拝見して、ざっとお金の流れを整理してみたのですが、会社の資金が流出している流れがみつかりました。その総額は合計3000万円を超えます。資料で追うことができた限りですが、この5年間は同じような手口で不正が繰り返されている実態が浮かびあがりました。

そもそも、経理部には以前から不正があるらしいという噂もありました。じつはわたしも庶務部の竹田さんとランチに行ったときに、そうした噂があると聞いたことがありました。竹田さん曰く、庶務部ではかなりの噂になっていたようです。

考えてみますと、経理部からは出張費用について細かなことを言われることが多かったですが、実際には内部で不正をしているのでは経費を切り詰める意味もないですよね。話が少しそれてしまいましたが、資料から得られた情報をまとめると、以下のとおりです。


（略）


資料を読んで問題を把握するように求められた部下が、上司に対して報告文を書いているようです。メールでは、ついこうした余計な話も記載してしまいがちですが、ここでは「目的」との関係で考えてみましょう。

この文章の目的が、「『以前から、庶務部では経理部の不正疑惑について噂になっていた』という事実を報告すること」であれば、第2段落、第3段落の文章にも意味があるのかもしれません。

しかし、今回上司が求めている内容は、「渡された資料を精査し、そこにある問題をまとめて報告すること」です。

すると、この文章には、途中に、つい口走ってしまったような「脱線」の噂話がありますし、ランチを食べに行った他部署の方の個人名まで挙げてしまっています。おまけに、経理部に対する愚痴まで書かれていますね。

目的との関係からすれば、（略）**にある「資料から得られた情報」を明確にすべきです。**

つまり、この文章は「目的」からそれた「削除すべき文章」といえそうです。

これを前提に、文章を修正してみると、次のようになります。

今回の問題は多岐にわたります。ただ、結論からいいますと、本質的な問題は、経理部における不正疑惑です。

資料を拝見して、ざっとお金の流れを整理してみました（別表1参照）。この表のとおり、会社の資金が流出している流れがみつかりました。

その総額は、合計3000万円を超えます。資料で追うことができた限りですが、この5年間は同じような手口で不正が繰り返されている実態が浮かびあがりました。

詳細については、以下のとおりです。（略）

細かな点も推敲により、次のように修正されています。

- 「多岐にわたる問題」が分散しないように、2文目に「結論」を示して焦点を絞った
- 噂話や、竹田さんとのランチ、経理部に対する愚痴など、「資料を精査した報告」という「目的」に関係のない話は削除した

必要なことだけを報告する、いわゆるビジネス文書という感じになりました。**目的に沿わない内容のチェックは、すっきりした文章には不可欠といえます。**

POINT

「目的」さえ見失わなければ大丈夫

32

「目的」を超えて、弁明するような言葉を書かない

どの文章がいらないか、「目的」を基準に判断する方法として、もう1つ例を挙げます。


今回の取引につきまして、契約書案を作成いたしました。

当社の通常のフォーマットを使用したものになっており、受注内容と金額部分以外は他社との契約と同様になっています。もちろん御社とのご契約になりますので、ご異論等ありましたら、ご指摘いただければ幸いです。

ただし、当社の顧問である大手法律事務所のチェック済みのものでして、問題はないはずですので、基本的にはこちらで調印していただければと考えております。

なお、私も契約の細かな条項に精通しているわけではありませんので、ご指摘をいただく場合には、こちらのメールに文書でご返信いただければ幸いです。上司に確認するため

の時間を要するかもしれませんが、ご容赦くださいませ。

相手との信頼関係や取引の実情によっては、問題のない文章になることもあるでしょう。むしろ、率直な事情まで記載されていて、相手には丁寧に映るかもしれません（とはいえ、「大手法律事務所……」のくだりは、さすがにあまりみられない表現でしょう）。

しかし、相手は取引先です。**そして、この文章の目的は、「契約書案をお送りして、取引先に内容を確認してもらうこと」であるはずです。**

そうであれば、その目的に沿った文章は、次の記述で十分に足りるでしょう。

今回の取引につきまして、契約書案を作成いたしました。
当社の通常のフォーマットを使用したものになっており、受注内容と金額部分以外は他社との契約と同様になっています。
ご確認いただき、問題点などがございましたら、ご指摘いただければ幸いです。

具体的には、次のように修正しました。

● 「もちろん御社とのご契約になりますので、ご異論等ありましたら……」とある部分のうち、前半部分を削除した

（契約である以上は当然のことであり、あえて記載する必要はないため）

● 後半部分の「ご異論等」は「問題点など」に修正した

（「異論」という言葉が「問題」よりも強いニュアンスを持っており、契約書の締結という重要な場面で避けたい言葉だと考えたため）

● 「なお」以下に書いてあった文章は、全文削除した

（内部の事情になっており、あらかじめ言い訳をするような文章になっていたため）

その文章は果たして、「契約書案の確認を求める」という目的との関係で必要なのか？という視点が反映されています。

もちろん、ときとしてそれが必要な場面もあるでしょう。

とはいえ、一般的に考えると、このような文章をもらった場合、読み手から「何か契約条項にやましいことがあるのでは？」「強引に契約をしようとしているのでは？」という邪

推を、引き起こしてしまうおそれがあります。

そのような意図がないのに、つい言い訳じみたことを書いてしまうくせがある方は、修正後のような、目的に沿った端的な文章の書き方を覚えるとよいです。

メールにメールで返信をするのは当たり前ですし、その後問い合わせがあれば、そのつど内容を確認して、上司に相談したり個別の対応をすればよいだけでしょう。

「契約書案の確認を求める」という目的を超えて、最初から、のちのちのことを弁明するような文章を書く必要はないのです。

POINT

不信感を発端としたトラブルは、書き方ひとつで防げる

33 メリハリ記号で、ボリュームの割り振りをする

文章とは、結局のところ、何を書き、何を書かないかで決まります。

そして、「どれくらい書くか」という量のメリハリも、この「何を書き、何を書かないか」の問題として重要です。

これは、とくに字数指定がある文章において、意識されるべき視点です。

就職試験や資格試験で出題される、記述形式の問題を思い出してみてください。

「500字以内で記載しなさい」という指定と、「3000字程度で記載しなさい」という指定を比べると、たとえ同じお題だとしても、分量によって書くべき内容が大きく変わってくることがわかると思います。

このような例を示すと、「それはそうだよね」と思われるかもしれません。

ただ、わたしたちが日常書いている字数指定のない文章でも、暗黙のうちに「おおよそ

の分量の目安」があるはずです。1通のメールで3万字も書く人がいないのと同じように、企画書の作成で求められる分量は自ずと限界があるでしょう。

そうすると、字数指定があってもなくても、文章を書く前に「書くべき文章の総量」をイメージし、その枠のなかで、各項目にどれだけの分量を配分しようかと考える必要があります。

その際に、「◎○△×」のような記号を使うと、書く前に、項目ごとの分量の割当てをイメージしやすくなります。

次の文章は、「緊急事態条項を日本の憲法にも導入すべきか」というお題の小論文だと思ってください。

1 問題の所在
2 緊急事態条項とは？
3 2つの考え方
4 反対説（否定説）の問題点
5 自説（肯定説）の論証

6　諸外国の状況
7　結論

書く前に、右のような項目を作成することで、何を書くべきか、どのような順番で書くべきかが明確になります。

次にするべきは、文章を書くことではありません。

字数の大枠があるなかで、どの項目にどれくらいの分量（行数）を割くべきか、記号を用いて、物理的に「メリハリ」をつけるのです。

○1　問題の所在
△2　緊急事態条項とは？
○3　2つの見解
△4　反対説（否定説）の問題点
◎5　自説（肯定説）の論証
×6　諸外国の状況

△7　結論

項目ごとに分量の差をつけることで、どの項目が重要か、一番伝えたいところは何か、読み手に伝わりやすくなります。

つまり、何かを沈ませることで、浮くものを際立たせる方法です。

メリハリ記号の使い方

ここで「◎」とは、最も分量を割くべき重要な部分という意味です。何をもって、「重要」と判断するかは迷いどころだと思います。

小論文の場合、出題者の意図にどれだけ迫れるかの確認として、重要度を考えるでしょう。なぜなら、小論文は採点基準として、どの項目に何点という配点があるからです。配点が高いものに分量を割き、配点が低いものの分量を削ることは合理的ですよね。

試験の採点基準は、「出題者が問題文を通じて求めたもの」の総量に合致するほど高得点がつく仕組みですが、これは数値化されない仕事の文章でも同じことが言えます。

仕事の場面に置き換えると、「読み手が文章を通じて求めているもの」に総量が合致するほど、満足度が高くなると言えます。

つまり、◎○△×をつける際の基準となる「重要度」は、その文章に読み手が求めている内容によって決まるということです。

どのような目的で、誰のために、何のために書く文章か、想像をめぐらせましょう。

そして、「○」はしっかり書くものの「◎」よりは短くするものです。

「△」は記載するものの、できる限り簡潔にまとめるものです。

ここに「×」が入るといいのです。「×」は、思いついたけど「捨てる」選択です。

調べたけど、これを書くと細かくなりすぎて、書くべき点がぼやけるから、「あえて書かない」という決断があると、書かれた文章に迫力となってあらわれるからです。

「捨てる」ものがあって、「輝く」文章は生まれます。

POINT

分量に差をつければ、何を伝えたいかは一目瞭然

34 本論と扱いを変える「なお」「注書」「かっこ書」

記号（◎〇△×）には、大きなメリットがあるとお伝えしました。

それは、文章を書く際に、それぞれの項目について「たくさん書くべきか」「抑制的に短く書くべきか」というメリハリづけの視点が与えられることでした。

意図をもって書いたメリハリのある文章は、緩急がそのまま伝わり、洗練された印象を読み手に与えます。それは、流れに任せた冗長な記述がなくなるため、脱線のない密度の高い文章になるからです。こうした書き手の意図は、読み手に伝わるものです。

このときに、「△」の扱いも重要になります。

「△」は、「◎」のようにたくさん書くべきではない一方で、メリハリをつける際には「〇」にすべきか、思い切って「×」にすべきか、それなりに迷った末の選択でしょう。

「×」にして「まったく書かない」という決断はできなかったものの、「○」にしてそれなりの量を書くほどではない。

つまり、「できる限り短くおわらせよう」という意思決定がされたものになります。

「△」の標準的な対応としては、単純に分量を減らして短く書く方法です。

たとえば、「緊急事態条項」の定義を書く必要はあるが、さまざまな定義を紹介していると、1500字の字数で書ききれないので、1、2行以内で短く定義したい場合です。

このような場合、次のように定義を短く書いておわらせる処理ができるでしょう。

緊急事態条項とは、戦争、自然災害、感染症等、国家の通常の運営形態では対応できない極めて特殊な状況が生じた場合の対応方法を定めた規定である。

このときに、「でもいろいろ調べたところ、緊急事態条項にもさまざまな種類があり、定義についても見解が複数あるな」といった葛藤が起きたとします。

「諸外国で導入されている緊急事態条項も具体例として紹介しておきたいし、自民党が日本国憲法改正草案で公表した条項も例として示しておきたい」などです。

そのような場合、「注釈方式」「なお書方式」「かっこ書方式」の3つが役立ちます。

① 注釈方式（脚注方式・後註方式）

細かな情報は「本文」には書かずに、「注釈」に書いてしまう方法です。

たとえば、本文にはさきほどの定義だけを書いておき、そこに横書の文章であれば「脚注」に、実際にはさまざまな定義があることや、諸外国で導入された条項の例や、自民党の改正草案の条項などを挙げておくのです。文書の下〔脚〕の部分に書くため、これを「脚注方式」と言います。

そうすると、読み手は、本文を読む際に、こうした細かな情報は「飛ばして」読むことができる一方で、詳細な情報を得たいときには「脚注」を熟読することで、参照情報も得ることができます。

脚注をつけるのは論文のようなイメージがあると思いますが、「脚注」でなくても、本文の最後に（注1）（注2）のようなものをつけて、そこで説明する方法もあります。

これは文書の最後に「注釈」の内容が示されることから、「後註方式」と呼ばれます。

② なお書方式

注釈方式がかたくるしいと思う場合には、「なお書」をして、簡潔に説明しておくという方法もあります。

緊急事態宣言とは、○○である。**なお、その定義については諸説あるが、一般的な定義のもとで以下検討をする。**

というように書く方法です。なお書方式の場合は、注釈方式以上に書ける情報は自ずと短くなると思いますが、だからこそ「△」なのです。

③ かっこ書方式

ほかにも、「かっこ書」を使う方法もあります。

緊急事態条項とは、○○である（所外国の例をみると、たとえば、○○とするもの、△△とするものなどもある）。

かっこ書方式は、あまりたくさん使うと文章が読みにくくなるので、使い方には慎重になる必要があります（大学の専門科目の授業で指定される学術書には、筆者が大学時代（いまから30年ほど前）には、この手のものが多くありました。いまは、わかりやすいものが主流ですが）。

POINT

書かない以外にも、短くする方法はたくさんある

35

意味もなく重ねていないか、チェックする

すっきりとした文章は、読んでいて清々しい気分になるものです。

それは、きっと、文章に「無駄なこと」が盛り込まれていないからでしょう。

「無駄なこと」は、往々にして、書き手の力が込められている箇所であるという、いわばパラドックスがあります。

たとえば、次の文章をみてみましょう。

わたしは、裁判員裁判の制度に反対である。

なぜかといえば、被告人が罪を犯したかどうかの判断は、素人である国民一般が行えることではなく、法のプロである裁判官が行うことが適していると考えるからである。わたしたち国民は、学校教育で法を学ぶ機会もない。社会で憲法の条文を少しは読んだことが

あっても、刑法の条文など法学部に進学しない限り、まず読まないであろう。それに、職業として公正な立場で人を裁くことを日々行っているプロの裁判官と、そうではない裁判の素人である国民が一緒に議論できるとは思えない。餅は餅屋というように、裁判は専門家に任せるべきである。被告人も素人の裁判員に裁かれて、それを公正な裁判と受け止められないのではないか。だいたい、国民だって自分の仕事で忙しいはずである。裁判員に選ばれること自体が、多くの人には迷惑である。

最初に結論があり、すぐ次に「なぜかといえば」とあるため、「反対なんだな」「その理由を示すのだな」とわかりやすい入り方になっています。

ただ、そのあとの文章は、言いたいことはわかるとしても、「反対」の具体的な理由が明確に分析されている印象は持ちにくいでしょう。

それは、結局のところ、裁判員が国民から選ばれることを理由に、法のプロ（専門家）である裁判官とは力量が異なる、ということを繰り返しているだけだからです。

ある意味、手を変え品を変え……というふうにもいえますが、**果たして、それは「意味のある重複」といえるのかを、一度立ち止まり検証したほうがよいでしょう。**

洗練された印象に変えるには、理由を複数にしつつ、端的に示す方法があります。

たとえば、反対の理由をよく考えてみたら、次の3点に整理できたとします。

①裁判には専門性の高い法の知識と裁判の技術が必要になり、そうした知識や経験のない一般国民には向かないこと(裁く側の適性)

②裁かれる被告人の側からみても、素人である国民ではなくプロである裁判官に判断をもらいたいはずであること(裁かれる側の感情)

③仕事のある国民がこれらを休んで慣れない裁判に集中するのは、仕事に支障が生じること(国民生活に生じる支障)

この3点を前提に、すっきりとした文章にしてみましょう。

わたしは、裁判員裁判の制度に反対である。**理由は、3点ある。**

第1に、裁判には、専門性の高い法の知識と裁判の技術が必要になる。しかし、そうした知識や経験があるのは裁判官である。これらに乏しい一般国民には適性がない。

第2に、被告人からみても、法の素人である国民に裁かれたいと思うはずはない。判決には、人生がかかる。プロである裁判官に公正な判断をもらいたいはずである。

第3に、国民には仕事がある。会社を休んで、短期間であっても慣れない裁判にたずさわれば、本職である仕事に支障が生じてしまう。

以上のように、①裁く側の適性、②裁かれる側の感情、③国民生活に生じる支障、の観点から、この制度に反対する。

最初の文章を読んだときに「言いたいことは、わかるけど……」と思われた方も、こうしたすっきりした文章をみると、見方が変わったのではないでしょうか。

すでに記述した内容の反復に、基本は慎重になる姿勢が必要です。

右の文章では、「以下のように……」ではじめる最後の段落で、一度述べたこと（第1～第3）を、短い言葉で（①～③）でまとめる工夫をしています。

意味もなく、重ねていないかを、あなたもぜひチェックしてみてください。

POINT

内容は同じでも、見た目が変われば評価は変わる

36

「行間を読む」「余白がある」ことの効用

すっきりとした文章には、行と行の間に、実際には削除された文章があります。

「余白がある」「行間を読む」と言われますが、それは、推敲段階で「なくても伝わるので、記載するのをやめよう」と判断をしたものがあるからです。

その文章は、実際に推敲によって削除される前には「存在していた文章」です。

「存在していた文章」が、推敲によって削除されると、読み手に削除された「行間」が自然と想像される、ということが起こります。

そこまで意識して、あえて行間をつくる必要があるわけではありません。

ただ、本章でお伝えしてきた、推敲によって「なくても伝わることを記載しない」方針をとることで、情報量が少なくなることを心配する必要はない、ということです。

むしろ、端的な指摘がなされているくらいのほうが、ビジネスの場では好まれますし、読み手の「想像」が働きやすくなります。

たとえば、次のような文章があったとします。

新社長の就任により示された「本社のあらたな方針」に基づき、今期の事業計画案が配布されました。
当事業部にとって重要な変更が、1点あります。諸般の事情から、人員の補充は行われないとされている点です。

仕事上では、よくある書きぶりだと思います。
こうした文章には「余白」があって、読み手がその「余白」の真相を「想像」する余地が残されています。

その際たるものは、「諸般の事情から」と記載されている点でしょう。

こうした表現は、漠然とした印象しか与えないおそれがある一方で、その要因・原因について、細かに説明することが適切ではない場合に、使い勝手がよいフレーズです。

また、「新社長の就任」を契機として、この事業計画案が示されていることが記載されているため、読み手からすると「社長の交代による影響である」と直感するはずです。

それでも、社長が交代したことで、具体的にどのような影響が生じて、この事業部の欠員の補充がなされないことになったのかは、何も書いてありません。

唯一の手掛かりは「本社のあらたな方針」ですが、おそらくこの文書を入手して読んでも、抽象的な指針しか書いていないでしょう。

たとえば、「従来の方針にとらわれず、各事業の重要性・必要性を点検し、大胆に改革していきます。」くらいのことしか書かれていないかもしれません。

それでも、そのような「方針」の文書から、社員として持っている知識や経験から「諸般の事情」は推測できる場合があります。

書き手は、ここで「人員の補充は行われない」という事実を伝える役割を担っているだけです。その理由については、客観的に明らかな根拠のみを示せばよいわけです。

推敲前は、次のような文章だったのかもしれません。

ご存じのとおり、前社長が交代させられた件で、新社長が改革案を示し続けています。その一連の動きが、本事業部に及ぶことになりました。「本社のあらたな方針」にある「大胆に改革」ということでしょう。

今期の事業計画案を読むと、事業内容とその重要性を理解されていないとしか思えない改革の数々が求められています。そして、旧社長の肝入りだった当事業部は、新社長の目の敵にされているようです。○○さんの急な退職に伴う人員の補充を求めていた件については、けんもほろろに、却下されていました。

守秘が通用する信頼のおける人にのみ送信するメールであれば、このほうが迫真的かもしれませんが、社会人の文章には慎重さが求められます。

そして、読み手も、行間を読みます。

行間を読む社内の人には、たとえ書かなくても、同じ内容として伝わっているかもしれないのです。

POINT

相手を見極めて、あえて書かない判断をする

第6章

見た目を整える

───黒っぽい文章は、ひと目で読む気をダウンさせる

伝わりやすい文章には、“視覚的な工夫”がたくさん隠されています。「ひらがなにするか・漢字にするか」「改行するか」「見出しをつけるか」など、1つひとつの選択に意図を持つことで、伝わりやすい文章は完成するのです。終章では、読み手に最後まできもちよく読み進めてもらうための、さまざまな工夫をお伝えします。

37 公用文を参考に、「接続詞」と「副詞」はひらがなにする

「国語」の漢文は、漢字だらけ。学生時代を振り返ると、読む気を起こすのに苦労した方が多いのではないでしょうか。

日本では戦前まで、漢文調の文章を、ごく普通に日常で使用していました。法律でいうと、最近になって、ようやくすべての六法が現代語化されましたが、明治時代につくられた民法、刑法、商法などのいわゆる六法に登場する法律の多くは、「漢字とカタカナ」の文語体の条文のまま続いていました。

法典でいえば、戦後にできた日本国憲法がはじめて、「漢字とひらがな」の現代語が用いられた条文です。

かつては裁判所の判決文も漢文調で、昭和になっても漢字が多い時代が続きました。

いまでは、接続詞や副詞などは、基本的には「ひらがな」を使い、名詞や固有名詞など

固有に漢字であることが必然であるものを除き、多くは平易な印象にみえる「ひらがな」に代っています。

法律に限らず、日本語の文章には、もともとあった「漢字とカタカナ」による漢文調の文章の名残があります。名作といわれるような昭和以前の文豪の小説や随筆に触れると、漢字が多用された文章に遭遇する機会が多いです。

しかし、いまは令和ですよね。

みなさんが、小説や本を読むときに、「読みやすそうだな」という印象を持つのは、漢字の量が少ない（ひらがなの量が多い）ものでしょう。

とくに文学作品や小説は「ひらがな」の使用率がとても高いです。ぜひ、今度、小説を読むときは「漢字」と「ひらがな」のバランスに着目してみてください。

作家は、こうして読者の印象にとても注意を払っています。

漢字だらけの文章は「黒っぽい」、ひらがなの多い文章は「白っぽい」という比喩が使われます。**つまり、漢字だらけは真っ黒で読みにくく、ひらがなが多いと、白っぽくて読み**

やすいということです（**前者を「とじる」、後者を「ひらく」ともいいます**）。

たとえば、次の文章を読んでみてください。

昨日六本木支店の会議室に於いて開催された企画会議では、数々の新企画の提案が在りました。確かに、最近は新企画が減って居たので、社内が活性化する点では、良い事だと思います。然し、「数が多ければ良い」と言う訳でも在りません。私も出来る限り新企画を考案しながら、質の高い内容を練りたいと思います。

裁判所の判決文や官公庁の作成する文章は、「公用文」のルールに準拠します。**国家や公共団体が出す文書や法令の文章である「公用文」では、接続詞や副詞はひらがなが原則です。**

たとえば、「たしかに」「しかし」「したがって」「よって」というようにです。

「確かに」「然し」「従って」「因って」と漢字で書くこともできますが、これだとかたい印象ですよね。右の文章も、ひらがなを活用すると、次のように読みやすくなります。

昨日六本木支店の会議室において開催された企画会議では、数々の新企画の提案がありました。たしかに、最近は新企画が減っていたので、社内が活性化する点では、よいことだと思います。しかし、「数が多ければよい」というわけでもありません。私もできるかぎり新企画を考案しながら、質の高い内容を練りたいと思います。

接続詞や副詞以外にも、「ひらがな」のほうが読みやすいものは修正しました。この視点で注意すべきは、用語や名詞は漢字のほうがよい点です。

このけいほうというほうりつを読むと、さつじんざいがありました。

これでは、小学生の文章か、不気味な脅迫文のようにみえてしまいますよね。こうした点に注意しながら、まずは、接続詞と副詞を「ひらいて」みましょう。

POINT

公用文には、わかりやすさのヒントが詰まっている

38 「固有名詞」は、勝手に表記を書き換えない

接続詞と副詞をひらがなにすると、文章はやわらかい印象になるとお伝えしました。

ここでは、前項の最後に触れた「名詞や用語はひらかない」という話を続けたいと思います。では、次の文章をみてください。

せんせいから、こくごじてんを引きなさいと注意されました。

これでは、小学1年生の児童が書いた文章にみえてしまいますよね。

先生から、国語辞典を引きなさいと注意されました。

このように、名詞や用語は、漢字そのもので構成された言葉に意味があるため、ひらがなに変えないようにしましょう。

①×つくえのうえにあるほん　○机の上にある本
②×ばんゆう引力の法則　○万有引力の法則

このような例からも、①名詞の文章と、②用語の文章で、漢字が必要な理由がわかると思います。固定された名詞や用語は、漢字で表記してはじめて、その意味も明確になります。また、ほかのひらがなにまぎれないように、漢字がかえってよいのです。

もう1つ勝手に書き換えてはいけないものがあります。それは、固有名詞です。固有名詞は、「氏名」「会社名」「商品名」などを思い起こすと、イメージがわくでしょう。人の名前は、どんなに難解な漢字が使用されていても、漢字を勝手にひらがなに変えると、その人の名前そのものを変えるに等しいことになります。

わたしが教鞭を執っている大学で「先生はわたしの苗字に、いつも髙（はしごだか）を使ってくれる」と喜ぶ学生がいましたが、彼女は「髙」ではなく「高」という正確な姓の漢字表記をしてくれる人に、好感を持つようでした。

逆にいえば、社名や商品名なども含めて、固有名詞を間違えると失礼にあたります。氏名は間違えやすいので、文章で記載するときは、漢字をしっかり確認しましょう。メールでは、送信相手が使用している署名欄をみるくせをつけるのがよいでしょう。おなじワタナベさんでも、漢字の種類は多いですよね。

渡辺さん、渡邉さん、渡部さん、渡邊さん

やまさき（やまざき）さんも、漢字には微妙に違いがあります。

山崎さん、山﨑さん、山嵜さん

会社名や商品名の場合には、漢字ではなく、ひらがな、カタカナ、アルファベット、そのほかの記号が使われている場合もあります。

×ドラエモン　○ドラえもん
×モーニング娘　○モーニング娘。
×動物の森　○どうぶつの森
×田ロトゥモロウ　○田口トモロヲ
× King and Prince　○ King & Prince

重要なことは、これらの表記名を記憶することではありません。そのつど、必ず確認するくせをつけることです。記憶が正しいとは限らないからです。
ネットで調べれば簡単にわかるのですから、確認を怠らないようにしましょう。

POINT

こうした信用の積み重ねが、ゆくゆく実を結ぶ

39

「ナンバリング」「見出し」「小見出し」で全体の構造を示す

本書は、数ページで完了する複数の項目から、各章が成り立っています。全体像がどうなっているかを確認したいときには、目次をみていただければわかるようになっています。ここで、本書の目次をみてください。

そこには、大きなレベルでは、各章の見出しがあります。

そして、各章のなかには、項目の見出しもあると思います。

もしも、章や項目の見出しがなければ、とりとめのない本になってしまうでしょう。

それは、２００ページもあるような本には、必須のインデックスといえます。

みなさんが文章を書くときには、どれくらいの量の文章を書くのでしょうか？

意見書や調査書のようなボリュームのある資料を作成するならば、目次をつくって、

「章」「項目」などのインデックスをつくる必要があるかもしれません。

これらの視点は、ここに短めの文章を例として挙げて「たとえば……」と説明することがむずかしいので、まずは本書全体をみてもらいました。

身近にある学術書（大学で使う体系書なもの）や、中学、高校の教科書をパラパラと見返してみると、**どこに何が書いてあるかを、文章以外のインデックスで示すことが、重要だとわかるはずです。**

報告書や企画書でも活きてくる

「章や項目があるほどの文章は書く機会がない」という方でも、数十ページにわたる報告書を作成したり、昇進の際に小論文を書いたりする機会はあるかもしれません。

それくらいの文書をイメージするならば、番号をつけたり（ここでは「ナンバリング」と呼びます）、見出しや小見出しをつけたりすると、読みやすくなるでしょう。

たとえば、構成だけを示すと、次のようになります。

1
(1)
(2)
(3)
2
3

このような番号をつけたら、次に、見出しをその番号の下に書きましょう。

見出し、小見出しをつけると、斜め読みができるようになります。

読み手に対するサービスという点でも、抜群の効果を発揮するのが、この「ナンバリング」と、「見出し」「小見出し」です。

1　調査の概要
(1)　調査の対象
(2)　調査の結果

(3) 調査の項目
2 浮気の事実の有無
3 対象女性

このような調査書の構成をみると、「ナンバリング」「見出し」「小見出し」により、長い文章を読む前に、読み手の関心は高まるはずです。

さらに、どこに何が書いてあるかだけでなく、全体の構造とその立ち位置がひと目でわかるため、その文章への読み手の理解度が深まるでしょう。

見た目の工夫は、意識ひとつで簡単にできるのです。

POINT

目次やナンバリングは、現場で使ってこそ価値がある

40

相手への心づかいとして、「ルビ」をふる

小説を読んでいて、個人的に、一番困るのが名前にルビがないものです。

ルビとは、読み仮名（送り仮名）のことです。

たとえば、この本の著者の名前は、苗字も比較的珍しいですし（漢字の組み合わせは単純ですが）、下の名前は漢字だけで読める人はいないでしょう。

なので、大学の授業や講演のレジュメには、必ず自分の名前にルビをふっています。

青山学院大学法学部教授・弁護士

木山泰嗣（きやまひろつぐ）

相手に、「やすし」かな「やすつぐ」かな、それとも「たいし」かな、などと想像をさせて、

博打(ばくち)をさせてはいけないと思っています。

一見して、一義的な読み方しかできないものでない限り、誰もが読めるわけではない「名前」「固有名詞」「専門用語」などを使う場合は、ルビをふることが、読み手には親切でしょう。

たとえば、小説に登場する人物に、「友子」という名前がでてきた場合、「ゆうこ」なのか「ともこ」なのかわからず、目にするたびに、わたしなら混乱してしまいます。

名前の読み方に正解がない以上、読者に委ねてしまうのは不親切かもしれません。

実際、大学でさまざまな学生に接していますが、授業ごとに教員がアクセスできる受講者名簿には、姓名の読み方もすべて記載されています。

漢字だけ、あるいはアルファベットだけをみていたら、その人の名前の読み方は、本人に確認するしか知る手段はないですよね。

ルビがふってあることは、読み手にストレスを与えず、迷いを与えず、ものすごく親切な文章であるということです。

たとえば、次の文章をみてください。

雄大くんは、麦酒と鱚と檸檬が好きです。

いまどき漢字で書かないでしょう、というものが多いですが、もしこのように漢字で書くのであれば、名前だけでなく、次のようにルビがあると、読み手は安心です。

雄大（ゆうだい）くんは、麦酒（ビール）と鱚（きす）と檸檬（れもん）が好きです。

「ゆうた」くんなのか「おすひろ」くんなのか、やはり「ゆうだい」かなと考えても、答えはわかりません。やはり名称は、ルビをふるのが絶対的に親切です。

また、「麦酒」をビールと読めない人もいるでしょうし、「鱚」のような魚編の漢字は非常に多いですから、正確に読めない人も多いでしょう。

「檸檬」も、文学作品の題名で知っている人はいたとしても、誰もが読めるとは限りません。「きりん（麒麟）？」と誤読する人だって、いるかもしれません。

IFRS（イファース）

右記は、国際会計基準としての国際財務報告基準（International Financial Reporting Standards）ですが、アイファースと読む方もいます。いまはネットで「読み方」と調べればすぐにわかりますが、相手に調べる手間をかけさせないという視点で考えると、ルビやかっこで読み方が入っているものは、喜ばれるかもしれません。

もちろん、やり過ぎは禁物ですが……。

そのうえで、専門家同士の間では、**当然の用語にルビをふると、かえって素人っぽく映ることもありますから、読み手が誰であるかも考える必要があります。**

たとえば弁護士は、専門家である裁判官や相手方の弁護士に提出する文章と、法律の素人である依頼者に説明する文章とで用語を使い分けます。それと同じです。

この点は、気をつけましょう。

POINT

迷うぐらいなら、ルビをふってしまおう

41 「四字熟語」と「故事成語」の上手な使い方

国語の授業で、わたしたちは、さまざまな四字熟語や故事成語を学びます。日本語の複雑な部分を、歴史とともに学んでおくことには意味があります。また、文章の読解力を鍛えるためにも、こうした四字熟語や故事成語をみたときに、即座に意味をとらえることは重要な力になります。

たとえば、次のような文章を読解できることは重要でしょう。

①今日の会議は、気がついたら**四面楚歌**でした。
②その論文をここで用いるのは、**我田引水**ではないでしょうか。
③これだけ期待させておきながら、商品Aの実態は**羊頭狗肉**でした。
④ここでB取締役が解任されるとは、**人間万事塞翁が馬**ですね。

⑤この企画が通るとは、Cさんも、**雨だれ石を穿つ**ですね。

こうした四字熟語（①〜③）や、故事成語（④⑤）を使った文章は、人から使われたときに、意味を理解できることが読解力としては求められます。

しかし、これを自分が書く場合で考えると、多用すれば嫌味な文章になりますし、使い方を誤れば、言葉に振り回されている印象を読み手に与えてしまいます。

実際に、現代では、四字熟語や故事成語は、思った以上に、いやおそらく全然使われていないと思います。

とくに、仕事上の文章として使われることはほとんどないのではないでしょうか。

仕事上で、四字熟語を使わない理由

ここでの問題は、四字熟語や故事成語というのは、もともとが何かのたとえ（比喩）や教訓になっている点です。

よい文学作品には、ウイットに富んだ比喩が使われるでしょう。

「まるで鳥が空を飛ぶように」であるとか、「それは鷹の目だった」という表現です。

前者は、「まるで……ように」とあるので、直接的に喩える「直喩」であり、後者は、断言する内容に喩えが暗示され隠されているので、「暗喩（隠喩）」といわれる比喩です。

こうした比喩が、仕事などの伝達文章で使われないのには、理由があります。

それは、短い言葉で、状況を伝える必要がある伝達文章では、その先にあるとらえ方（感想や装飾）である比喩は不要になるからです。

比喩は、読んだ側の感想として、「それは四面楚歌だったんだね」であるとか、「我田引水だなあ」とつぶやくときに使えばよいでしょう。

的確に短い文章で、事実を伝えるためには、余計な装飾は不要です。

さきほどの各文章は、次のようにその事実を詳細に書いたほうが、伝わるでしょう。

①今日の会議は、気がついたら、他部署がみな反対の立場になっており、提案した企画を通すことが難しい状況になっていました。

②その論文をここで用いるのは、適切でないと思います。ご自身の意見に、強引に結びつけているだけで、あなたが述べる意見の論拠にはならない内容だからです。

四字熟語・故事成語の特性を理解する

NG　事実を正確に伝える目的の、
伝達文章には適さない

今日の会議は、
四面楚歌でした

?

OK　比喩は使わずに、現実に起きた内容を書く

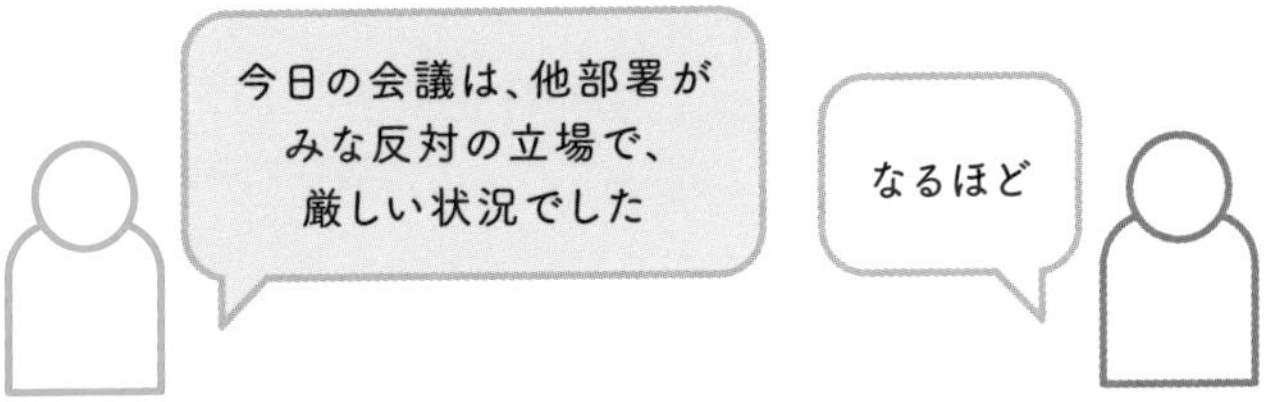

今日の会議は、他部署が
みな反対の立場で、
厳しい状況でした

なるほど

使うなら　四字熟語・故事成語は感想として使う

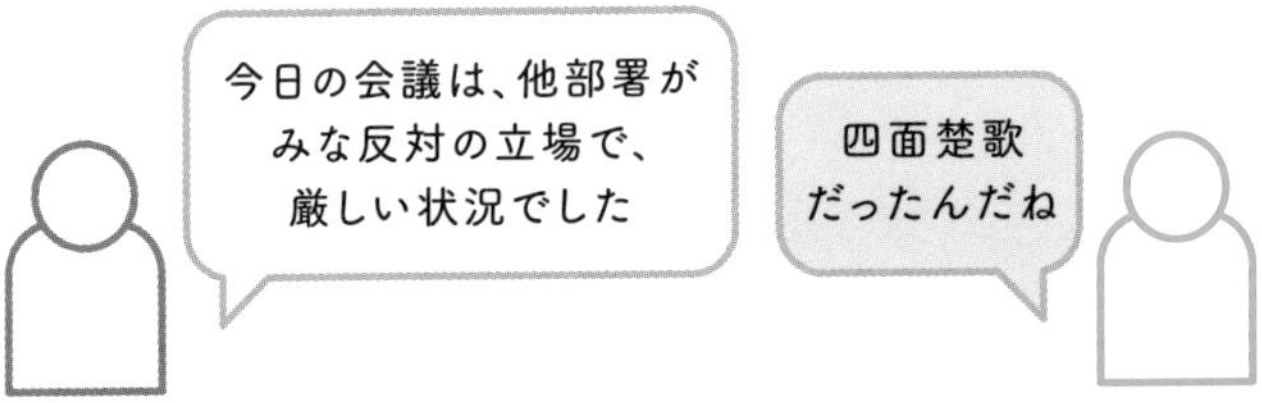

今日の会議は、他部署が
みな反対の立場で、
厳しい状況でした

四面楚歌
だったんだね

▷▷▷ 意味を知っておくと、
「それは四面楚歌ですね」と要約して返せる

③これだけ期待させておきながら、商品Aの実態は残念なものでした。宣伝文句は立派ですが、商品の内容はその実態を伴わないものだったからです。

④ここでB取締役が解任されるとは、人生何が起きるかわからないものですね。もともとは、B取締役が大ヒット商品をあてたことに端を発していたのですから。

⑤この企画が通るとは、Cさんの長年の努力が実りましたね。何度も反対されたり、予算を削られたりしながらも、あきらめずに取り組んだCさんの粘り勝ちでしょう。

このように、四字熟語や故事成語を使うよりも、現実に起きた内容で説明するほうが、具体的な状況は伝わります。

四字熟語や故事成語は、ショートカットの表現としては有効ですが、おおもとの事実をしっかりと伝えない限り、宙に浮いた文章になってしまうため注意が必要です。

POINT

四字熟語・故事成語は、感想としてつぶやく

42 改行のコツは、「内容のブロック」を見極めること

現代の文章では、「改行」が軽視されているように思います。

速報性を優先し、論理の筋よりも情報の伝達を重視する傾向があるためでしょうか。字が詰め込まれた新聞記事や、現代のコミュニケーションツールとして不可欠なメールやＬＩＮＥでも、改行はとくに意識されていないでしょう。

こうした文章が日常に浸透すればするほど、正規の文章では改行が必要になることを忘れてしまいがちです。

これは、大学で多く課せられているレポートの書き方として、担当教員から学生がよく指摘される問題でもあります。

大学生がゼミで執筆する卒業論文や、大学院生が時間をかけて取り組む修士論文になれば、「改行のない文章」はそれだけで評価されません。

それなりのまとまりをもって論じる文章では、改行は「適切な場所」に入れることが求められるのです。

たとえば、次の文章をみてみましょう。

わたしは、大学の9月入学制に賛成です。新型コロナウイルスの出現により、パンデミックに陥った2020年には、全国で小中高の一斉休講が長く続きました。そのため、9月入学制にそのまま移行してしまえばよいという議論が急浮上しました。しかし、そのような導入の仕方は、安直といわざるを得ません。これまで4月入学制だったものを、学生全体の授業が止まったままなので、半年遅らせてしまえばよいという発想が垣間見られたからです。問題は、こうした臨時対応的なことではありません。重要なことは、留学等を含めた日本の学校教育の国際化です。この観点から、以下、3つに分けて論じていきます。

字が詰まっている印象を受け、読むことに抵抗を感じるのではないでしょうか。

わたしは、大学の9月入学制に賛成です。

新型コロナウイルスの出現により、パンデミックに陥った2020年には、全国で小中高の一斉休講が長く続きました。そのため、9月入学制にそのまま移行してしまえばよいという議論が急浮上しました。

しかし、そのような導入の仕方は、安直といわざるを得ません。これまで4月入学制だったものを、学生全体の授業が止まったままなので、半年遅らせてしまえばよいという発想が垣間見られたからです。

問題は、こうした臨時対応的なことではありません。重要なことは、留学等を含めた日本の学校教育の国際化です。

この観点から、以下、3つに分けて論じていきます。

同じ文章でも、改行の有無で見た目が大きく変わりましたね。

そのうえで、改行をする意味は、見た目の問題だけではありません。

文章の意図をなめらかに理解できるよう、読み手の思考を補助するガイドの役割も担っています。

そのため、書く内容を自分でもよく理解して、内容のブロック（まとまり）ごとに、適切

に改行を入れることが重要です。

たとえば、右の例文では、「要旨（結論）」→「問題状況の説明」→「状況に対する意見」→「問題点の指摘」→「その後の進行」という内容のブロックごとに改行されています。

文章もさまざまですから、改行の場所について絶対的な決まりはありません。

論文のほかにも企画書、報告書は、目的をもった伝達文章として論理的なつながりが必要になるため、ブロックごとでの改行が求められます。

その一方で、本書でわたしが書いている文章は、ビジネス書として、時間のない読者の方にわかりやすく、簡潔に伝えることを旨としているため、改行がより頻繁です。

このように、文章の目的によって、適切な改行は違ってくるでしょう。

最初は試行錯誤でもよいので、どこで改行すると読みやすいかを考え、工夫をしてみましょう。

POINT

文章の内容・目的を理解したうえで、判断する

43 明確な意図をもって、とじるか・ひらくか選択する

漢字とひらがなのバランスは、文章の「見た目」にとって重要な要素です。この点については、すでに本章で説明したとおりです。

とくに決まりのないわたしたちの書く文章のなかで、どのようなバランスで漢字とひらがなを使うかというのは、なかなかむずかしい問題ですよね。

この文のなかにある「わたしたち」も、「私達」でも「私たち」でもありなので、漢字の使用をどうするかの選択がなされていることになります。

正解がないため、最後はセンスの問題といわれればそれまでですし、通常あまりひらかない部分まで、ひらがなを多用すると、変に個性を強調するような「いやらしさ」を、読み手に感じさせてしまうおそれもあります。

そこで、自然な文章を書くために、「公用文」のルールを参照する方法があります。

官公庁などが作成する公文書の書き方をまとめた「公用文」のルールは、わたしたち民間の人をしばるものではありません。

じつは、公用文は頻繁に改訂がされており、その結果、時流に沿った現代的な文章を書くヒントが込められています。

まずは、参考までに、公用文のルールが例示している「ひらがな」を用いる例の一部を、紹介しましょう。

「虞・恐れ↓おそれ」「且つ↓かつ」「従って(接続詞)↓したがって」「但し↓ただし」「外・他↓ほか」「因る↓よる」「拘らず↓かかわらず」「此↓この」「之↓これ」「其↓その」「煙草↓たばこ」「為↓ため」「以て↓もって」「猥褻↓わいせつ」「斡旋↓あっせん」

(「法令における漢字使用等」内閣法制局総総第208号 平成22年11月30日参照)

以上が「公用文」のルールですが、すべてその通りにする必要はありません。

本書のなかでわたしが工夫してきた「漢字とひらがな」のバランスも、公用文をそのまま採用しているわけではありません。

たとえば、「公用文」では「取組」が正しいのですが、これだとかえって「え？ 送り仮名は？」と違和感を持つ人が多そうだと考えて、あえて「取組み」と記載し、「み」をつけることがあります。

わたしの場合、法学の論文では、公用文準拠が一般なので「み」はつけませんが、一般向けの文章であれば自然な送り仮名を選択します。

ほかにも、2つの読み方がある場合、「あと」と読んでほしいものはひらがなで記載し、それとの区別で「ご」と読んでほしいものは「後」と漢字にする書き分け方もできます。

つまり、その文章の読み手として想定される読者が「違和感を覚えない」ことを1つの基準にすることができます。

P209に書いた文章を例に、漢字の使用率を高め、黒っぽくすると、次のような文章になります。

正解が無い為、最後はセンスの問題と言われれば其れ迄ですし、通常余り開か無い部分迄、平仮名を多用すると、変に個性を強調する様な「嫌らしさ」を、読み手に感じさせてしまう恐れも有ります。

漢字使用率の高い前の文章をみると、「たしかに、これは自分も漢字は使わないいな」と思われるものと、「いや、これは漢字だろう」というものに分かれるかもしれません。

たとえば、「其」「迄」は使わないけれど、「ひらがな」や「いやらしさ」は、むしろ「平仮名」であり「嫌らしさ」ではないか、と思われた方もいるでしょう。

わたしも、「平仮名」と「嫌らしさ」については、漢字にする可能性も考えながら、本書ではあえて「ひらがな」を選択しました。さまざまな読者層を想定し、読む文章に「やさしさ」を感じてもらえればという意図で、こうした選択をしたのです。

漢字の使用の有無は、そのときの気分で選択したり、何も考えずに惰性で行ったりするのでは、書き手の意思が感じられません。

そうではなく、その場面ごとに漢字を使うかどうかの判断を、明確な意図を持って、意識的に行うのです。

POINT

「感覚」をやめて、自分のなかでルール化しよう

44 キーワードは「かぎかっこ」で括り、繰り返し使う

伝達文章のなかで使用する強調文字や下線などの「装飾」は、多すぎるとかえってうるさい感じになってしまう危険もあります。

たとえば、次のような文章がメールで届いたら、どのように感じるでしょうか。

【重要!】「新年度」から採用された「社内」の「新ルール」について
先日の部門会議で説明のあった「新ルール」の件ですが、改めて本メールで「重要な点」を「確認」しておきたいと思います。「必ず」お読みください!
・・・まず、部門内の「DX（デジタル・トランスフォーメーション）化」を「促進」する観点から、「業務ルール」が「以下」のように「変更」になりました。

「なんだかうるさい文章だな」と、思われるのではないでしょうか。

では、この「うるさい」という印象は、どこから来るか考えてみましょう。

まず、引かれた線の種類が多い点です。エクスクラメーションマーク（びっくりマーク）や傍点も多用されています。かぎかっこも、使いすぎでしょう。

これでは、どこに力点が置かれているのかがぼやけてしまい、かえってわかりにくい文章になっていますよね。

このことは、文章にさまざまな色を使って「装飾」する場合にも、あてはまります。

「装飾」を使うことなく、同じ文章を示すと、次のようになります。

新年度から採用された社内の新ルールについて
先日の部門会議で説明のあった新ルールの件ですが、改めて本メールで重要な点を確認しておきたいと思います。必ずお読みください。
まず、部門内のＤＸ（デジタル・トランスフォーメーション）化を促進する観点から、業務ルールが以下のように変更になりました。

「装飾」をすべて取ってしまえば、すっきりと文章を読むことができます。

この例からわかるように、伝達文章を書く場合、基本的には、こうした「装飾」は使わないほうが賢明でしょう。

さらりと、読み手に印象づける方法

傍線やかぎかっこなどの「装飾」を使いすぎないことを前提に、それでも、どこがとくに重要なのかを強調しておく方法があります。

それは、文章のキーワードを選定し、そのキーワードのみかぎかっこをつけておくものです。

このときに注意すべき点は、次の3つです。

① キーワードは一つのみにする
② キーワードは固定した言葉にする(ワードを微修正しないこと)
③ キーワードは複数回使用する

たとえば、さきほどの文章でいえば「新ルール」がキーワードだと思います。かぎかっこをこのキーワードにつけると、次のようになります。

新年度から採用された社内の「新ルール」について
先日の部門会議で説明のあった「新ルール」の件ですが、改めて本メールで重要な点を確認しておきたいと思います。必ずお読みください。（以下、略）

本項の文章にも、かぎかっこがつけられている言葉がありました。
それは「装飾」です。読み直していただくと、さりげなく入れるキーワードの使い方を実感してもらえると思います。

POINT

シンプルな文章の効用は、力点がはっきりすること

45 表記を1つに「固定化」するメリット

キーワードにかぎかっこをつける方法は、前項で述べました。本項では、表記を固定化することで、読み手により伝わりやすくする方法をお伝えします。

次のような文章があったとします。

日本でいま最も重要な問題は、少子化である。少子化の問題は以前からいわれてきたことであるが、人口減少に歯止めがかからず、出生率も下がり続ける現状から、政府もその対策を講じはじめた。

少子化社会の何が問題なのか。人口が増え続けることで起きる食糧問題などが解消できるから、むしろ良いのではないかという疑問もあるかもしれない。

しかし、現在の産業構造や社会保障の実情を考えたときには、少子高齢化は問題といわざるを得ない。高齢化社会では年金給付や医療費の必要性は増え続けるが、それを支える現役世代が減り続ける。これが少子化問題の本質である。

内容としては、とくに違和感もなく、読むことができるのではないでしょうか。

それは、このような内容の文章を、みなさんがはじめて読むわけではないからです。少子高齢化の問題は、それなりの知識をすでに持っている方が多いと思います。

そのような「既知」の問題の書かれた文章では、「表記の固定化」がなくても、読む側で翻訳して理解しやすいのです。

とはいえ、このままでは、「少子化」「少子化社会」「少子高齢化」「高齢化社会」「少子化問題」というように、順に「表記」が少しずつ変わっている点を指摘せざるを得ません。

読み手からすると、これらは同義として使われているのか、それとも異なる事柄を指しているのか、わからないからです。

論文などのしっかりとした文章を書く場合、似た言葉については、1つひとつ定義をしたうえで使い分けるのが通常です。

この文書では、出生者数が減少し続ける傾向を「少子化」といい、少子化によりもたらさせる問題を「少子化問題」という。また、人口比率に占める高齢者の割合が高くなる傾向を「高齢化」といい、高齢化によりもたらされる問題を「高齢化問題」という。

もっとも、両者は相互に関係性をもつ概念であるため、とくにどちらかの問題を強調する場面でない場合には、あわせて「少子高齢化」「少子高齢化問題」という。また、こうした傾向のある社会を「少子高齢化社会」という。

ややまわりくどいと思われるかもしれませんが、論文では、このように1つひとつの定義をすることで緻密な分析します。

そこまで厳密に論じるものではない文章の場合は、定義する必要はありません。**ただし、同義であるのならば、「表記の固定化」をすることで、より伝わりやすくなるでしょう。**「文脈からは、すでに出てきたキーワードと同じ意味を指しているように感じるものの、表記が微妙に違うため、これらが同じ意味を指しているのか定かでない」というような混乱を防ぐこともできるのです。

さきほどの文章であれば、次のように「表記の固定化」ができます（太文字の表記を、すべて「少子高齢化」で固定しました。波線の部分のみ自然な流れになるよう言葉をつけたしています）。

日本でいま最も重要な問題は、**少子高齢化**である。**少子高齢化**の問題は以前からいわれてきたことであるが、人口減少に歯止めがかからず、出生率も下がり続ける現状から、政府もその対策を講じはじめた。

少子高齢化の何が問題なのか。人口が増え続けることで起きる食糧問題などが解消できるから、むしろ良いのではないかという疑問もあるかもしれない。

しかし、現在の産業構造や社会保障の実情を考えたときには、**少子高齢化**は問題といわざるを得ない。**少子高齢化**の進んだ社会では、年金給付や医療費の必要性は増え続けるが、それを支える現役世代が減り続ける。これが**少子高齢化**の本質である。

POINT

ここまでこだわるから、読みやすい文章になる

おわりに

10年以上たっても、変わらないもの

はじめて書いた文章の本『弁護士が書いた究極の文章術』（法学書院）は、２００９年3月に刊行されました。

当時はビジネス書に「文章の書き方」の本が少なく、刊行から10数年経過したごく最近まで増刷がされるほど、その本は意外なことに売れました（残念ながら、出版社が２０２３年7月に廃業され、いまでは中古か書店に残っている本の購入くらいしかできません）。

付き合いのあった編集者からの強い要望でした。

「自分に文章の本なんて書けるのだろうか」と疑問を持ちながらも、税務訴訟という裁判で培ったノウハウをもとに、そのエッセンスをビジネス書としてまとめたら、大変な好評を得たのです。

その後、その本の刊行をきっかけに、ロースクールで文章の書き方を教えたり、別の観

点から著した文章の本を執筆したりする機会が、一挙に増えました。

法律を入門的に理解するための小説や、税法や法学をテーマにした専門書、勉強法や読書論といったビジネス書など、本書も含めると69冊の単著を書いてきましたが、いまでも文章の書き方には細心の注意を払っています。

弁護士に成りたての29歳から32歳ごろに多読していたのが、文庫や新書を中心にした名のある文筆家による「文章読本」のたぐいです。古典的なものから比較的あたらしいものまで、手に入るかぎり入手し、プロの極意を吸収していきました。

それを裁判所に提出する「書面の書き方」に応用していくなかで、自分なりの「文章の基本」が築かれました。

本書は、２０２２年の春に受け取った1通のメールのご依頼によります。

直接お会いすると、過去のわたしの本を読んでいた若い女性編集者の方は、いま必要な本であると説かれました。

時間をかけてさまざまなご助言、原稿への的確なご指摘やご提案をしてくださった大和出版の礒田千紘さんに、心より御礼申し上げます。

本書を読まれて、「よし早速、文章を書いてみよう」「明日から実践してみよう」と、これまでの書き方に変革をもたらすきっかけを、読者のみなさまがつかまれたのであれば、著者として、とても嬉しく思います。

木山泰嗣

相手への心づかいが行き届く
一生使える「文章の基本」

2023年10月31日　初版発行
2024年5月5日　2刷発行

著　者……木山泰嗣
発行者……塚田太郎
発行所……株式会社大和出版
東京都文京区音羽1-26-11　〒112-0013
電話　営業部03-5978-8121／編集部03-5978-8131
https://daiwashuppan.com
印刷所……誠宏印刷株式会社
製本所……株式会社積信堂
装幀者……三森健太（JUNGLE）
装画者……SHIMA

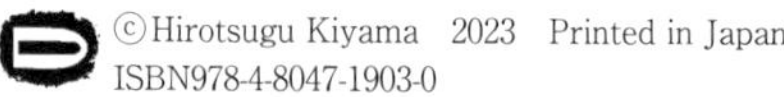

ISBN978-4-8047-1903-0